東京《とうきょう》名酒場《めいさかば》問《と》わず語《がた》り

奥《おく》祐介《ゆうすけ》

草思社

東京名酒場問わず語り

——酒友そして畏友の亡き澤口知之へ

まえがき

はい、ご免なさいよ。

憚りながら東京のまちで半世紀呑んだくれてるわたし――まずもっていい店はめったにない。いい店ほどその良さを保つのに時代と格闘しなくちゃならない。並大抵の苦労ではない。だから、いい店は仕方なく店仕舞いとなっていく。そしてだから、いい店なんてめったに増えない……と思い定めております。したがいまして、呑めるときは呑む。呑めるうちは呑む――以上、わが酒道の覚悟とオキテでありまして、自己紹介でござい ィ。

とまぁこれで仕舞いじゃ、いくらなんでもぶっきらぼうすぎるんで、ちょいとこの本の出自をお聞きくださいまし。

ときは二〇〇三年から二〇一五年までの十三年間。扶桑社から『en-taxi』という文芸誌が発行されておりました。責任編集同人には、福田和也氏、坪内祐三氏、リリー・フランキー氏、柳美里氏、重松清氏ら錚々たるメンバーが名を連ね、季刊誌ながら毎号、異色も異色の特集とゲスト陣と連載が乱舞満載の、大変な熱量をもった雑誌でした。大ベストセラーで映画も大ヒットしたリリーさんの『東京タワー オカンとボクと、時々、オトン』やこれまたベストセラーで二宮和也主演のドラマにもなった、立川談春師匠の『赤めだか』という傑作随筆もこの雑誌から生まれました。はい。

で、当時のわたくしは出版社勤めで福田氏の編集担当の一人だった。福田和也といえば、云うまでもなく最強の文芸評論家にして無類のグルメでグルマンで、博覧強記の代名詞ときたもんだ。

その福田氏との打合せといったら、あのねー喫茶店でコーヒー啜りながらなんてやるはずもないわけで、午前中でも昼すぎでも夜中の呼び出しでも、そりゃ酒場か料理屋に決まってたものでしてね。そのうちわが陣地にもご同行願うようになり、自称偏狭で面倒くさがり屋の福田氏が、なんとも機嫌よくやって来てくれたもので、えらく嬉しかったね。であるとき、こういう店のことをこの雑誌に書きなさい、と申し渡されたという次第。作家と編集者の間柄でございますからね、そりゃ逆らえるはずないし。ねえ……ということで連載が始まったのが二〇〇七年。それから八年間、好き勝手な酒場通いを寄稿させていただいた。本書は、その連載をまとめ改稿したものです。どうぞ気の向いたページから、ご高覧のほど。

もちろん当時紹介した店で、閉店したところも多い。残念ながら、そして当然ながら。ではありますが、酒呑みの要諦を教えてくれる名店は健在です。ぴんの酒場、相変わらず〝張ってる〟老舗はまだまだ多い。なくなった店にしてもそれはそれで「オレらが通ってた頃はさ、こんな店だったのよ」と往時の記憶を残しておくことも無駄ではないと思えるのです。

なので、わが贔屓筋の二〇二三年現在の話題も追加してあります。酒徒から酒徒へのバトンのつもり。

いまも昔も、このまちの一流どころというものは一体どこが、何が、よそと違うのか、拙い文章の本意を汲みとってもらえれば、書き手としてこんな仕合わせはない。

酒場のひとり噺、はじまりはじまり。

目次

東京の居酒屋四天王

呑み屋があぶない。居酒屋があぶない……何があぶないのか。存亡の危機なんである。わずかに残った江戸前の、なんとか守ってきた東京流の、呑み助ならだれもがいつまでもこのままあってほしいと願う名店がつぎつぎに閉店している。上野「まるき」しかり、蒲田「河童亭」しかり……残念無念。

ならばこそ、いまも江戸の匂いを残した、あるいは東京風のご商売をつづけている店を紹介したい。

品川、新宿、板橋、千住、とくれば江戸四宿《えどししゅく》。寿司、天ぷら、うなぎ、蕎麦とくれば東京の食味四天王という。これに倣って東京の居酒屋四天王と謳ってみる。

ただし、かつての東京に限定。山手線の内側と隅田川の一部ってこと。江戸からの地つづきのね。なので、「山の手」のそとの名店さんにはご勘弁願います。

さて、私なりの居酒屋の定義、

一、日本酒を呑ませる店。ビールはあっても焼酎、洋酒はなし。
二、お燗器がありお燗番がいて、燗酒を供してくれる。
三、常連さんだけで成り立っているが一見さんを邪険にすることはない。
四、カウンター席があり、店の造りは簡素でほんとの和風。

どうだろうか。これであらかたチェーン店やSAKEバーなる新参者は排したつもり。さらにケータイはご遠慮願う。というより自然に「ここはケータイまずいな」と思わせる店。ま、チェーンの呑み屋にはない格がある、ということ。

狭量すぎると思われるだろうが、これぞ東京の居酒屋とするにはこのくらいの縛りがないと駄目。まずは、神楽坂「伊勢藤《いせとう》」から。

神楽坂はねぇ、山の手初の盛り場の誕生地で、東京が都市になっていく過程で大正モダンの先頭に立った街。かつての夜店の殷賑《いんしん》ぶりは有名な話ですね。

そして花街特有の石畳の路地裏に、洗練とはこういうこと、と真剣勝負の居酒屋がある。ところがショックなことに、最近先代が亡くなられた。「しばらく休みます」の張り紙があったとき、もしやと一瞬頭をかすめたことが現実になった。三代目の息子さんが継いでもうだいぶになるのだけれど、隠居されていた先代が旅先で倒れられたのだ。

訪ねた晩はお葬式の済んだあとであいにくの雨。客はとぎれがち。若旦那が、供養になるからと早仕舞いしてくれて、白鷹の吟醸を呑ませてくれた。ひやでまずちょっと。で、次はぬる燗で。香りと味わいがふわっと開いて、美味しかった。

とびきり緊張のいる居酒屋……伊勢藤にはそんな評判が多いけれどわたしは初回からはまった。白鷹をこんなに旨いお燗にしてくれるのはほんとうに素晴らしい。毎回、旬味が込められた一汁三菜も、酒呑みにはぴたりの量とタイミング。

茶の湯に通じるというと大げさかもしれないが、先代はたしかに一期一会で接していたと思う。だからこの店はわざわざ行く店。

「よし、今日はあすこの客になる」と決めて縄のれんをくぐり、木戸を押すのだ。

炭を按配するのもお銚子を拭うのも、そのひとつひとつが絵になる主人の仕草を見ながらじっとお燗を待つ。

ここは一本目が来ないと始まらない。ビールはなく白鷹のひやかお燗だけ。この一本目が来るのが長い。長いけれども待ったかいがある。ここのお燗に裏切られたことはない。

ある晩の三本目。自分なりに、手がとまることのないご主人の頃合いを見計らったつもりで「お代わり、お願いします」。

と、すっと長い受け盆にのったお銚子が届いた。なんとお燗はすでについていた。これだけお客さんがいるのに。しばらくは手品を見るような顔つきをしていたと思う。にっこりご主人は笑顔で返してくれた。

……「とても始末のいいひとでね」と三代目。この店ならではの道具立ての予備一式が、ちゃんと揃っていたのだという。「わたし用のちろりとか。いつ買っておいたか分からないんです」。それ以上はおっしゃらなかったけれど、引退の時機と同じに、諸々のことすっかりを、ご家族や周りに、これっぽちも迷惑をかけずに用意されて逝かれたのだということが伝わってきた。お仕舞いまできっちり仕事を全うされたんだな……享年七十九。合掌。

暗い話ばかりじゃないよ。三代目の若旦那は二十年も前から店に出ていたから跡目には申し分なし。むしろ若い客とも会話を楽しんでいるし、きっちり守ったのれんに新しい魅力が加わった。生意気云わせてもらうけどさ。

仕舞いといえば、お店をあげて仕舞いの真っ最中なのが、浅草の「松風」。こちらは期間限定だけどお許しを。

これまた云わずと知れた銘酒処。おひとりお銚子三本まで。隣席との献杯禁止。酔客はお断り。なんて堅っ苦しいんだろうとお思いでしょうか。いやしかしこれが売りで、どうあってもここで呑みたいという日本酒党たちに支持されてきた。

先々代が昭和六年に始めた。もとは甘味屋さんだった。三階建ての堂々たる和風建築に建替えてからもう三十四年経つ。コンセプトは「家庭の延長としての居酒屋」。だから、当時は正一合で酒屋の立呑みと同じ値段、盆に五品お通しが来てしかもおかわり自由、と来たもんだ。この辺はご主人からの受け売りだけど、びっくりだね。

東京の東かたに棲んで界隈を歩くようになって、いさんで通った。

だってねぇ、立派なこの酒家の前を通るたんびに、どう見ても呑んべぇの顔したひとばっかりが入っていくんだ。週末なんかさ、並びの魚屋で頼んどくと席に刺身を届けてくれた。「これとこれ盛り合わせね」なんて云って店先で番号札もらってから松の字に入る。一本目がついたあたりでね、「お待ちどうさま」ってなもんだ。そのうちこれはやめになったけど、新参者にこんな贅沢はなかったねぇ。そのうち会員をつのるようになって（なーに、好きな銘柄とお燗の具合を覚えられてる客ってだけ）、だんだんイギリスのパブみたいになった。「ここは会員席」なんてね。

それでもひきもきらないやね。安くって丁寧で、黙ってても好きな銘柄がぴたりのお燗で出てくる、浅草のど真ん中で、夕方の四時から、相撲が見れて、一杯やれるざっかけない店……こういうの、まちの宝もんて云うんじゃないの。

がらりと格子戸を開けるとご亭主と番頭さん、小僧さんがそろいの前掛け姿で威勢よく

「いらっしゃいまし」。

　云われた席に坐るとお猪口と箸、肴が二皿、冷や水がさっと置かれる。

　一本追加のたびに神田「藪《やぶ》」や連雀町「まつや」とおんなじ、あの語尾を伸ばす江戸調子で、「二のお代わりー鶴のふたばん」。で、また小皿のアテが付く。これまたお代いらずときたもんだ。葉唐辛子、きゃらぶき、湯豆腐（ふた付きのこのミニ鍋が可愛くてねぇ）、雲丹、なんてね。三本呑んで肴なんぞ頼まなくても呑める。しみったれの江戸っ子にぴったりでしょ。わはは。

　でもねーそうなんだよぉ、こんなまぎれもない下町酒家が来年（二〇〇八年）の春には姿を消しちまう。

　だから予約なしの一見さんはお断り。じつはこれ、常連さんをなんとかソフトランディングさせるために旦那が知恵を絞った一年がかりの策なんだな。できたら週末に、ツテでも予約でもなんでも、いちど松の字の醍醐味を味わってほしい。熊さん八つぁんが隣りに居るよ。この店は。

　そして三軒目。もちろん外せないのが根岸の「鍵屋」。

　もとは下谷にあって、上野の寛永寺御用の酒屋さんからはじまった。居酒屋となって二代目のご主人と女将さん、それに台所番を女性陣が仕切る。言問《こととい》通りから一本奥の住宅街にあるけれど、開店前の店先に、たいていもう客が待ってるからすぐ分かる。開けて三十分もすると満席。そりゃそうだろう。これぞ下町の居酒屋エッセンスが詰まったお店だもの。

酒は桜正宗、菊正宗、大関の三種とビール。肴は煮奴、味噌おでん、さらしくじら、鰻のくりから焼きなど懐かしいアテばかり。そして、皆つくるのに下地のかかるもの。それを手抜きしないで出す。すべてが昔ふうにあったかくて、なんというんだろう、わたしには東北の匂いがする。小上がりに座ると、田舎の直会《なおらい》でやっと足を伸ばして一杯呼ばれているようなくつろぎ感を感じるもの。

グループ客の声が大きくなってもご主人たちはほっとく。あえてそうしているのだな。高歌放吟とまではいかなくても仲間と杯を重ねればついたのしくて……はつきものだ。それをある程度は許してくれる。

というよりそんないっときのことでこの店のスタイルは揺るがないという自信。その分といってはなんだけど、カウンターにはわきまえた常連さんがちゃんといる。喧騒のなかで手酌を楽しめる年季のはいった大人たち。このバランスがいい。ハレとケの両方の酒呑みが集っても居心地のいい、貴重な店だ。

先代の武勇伝とか内田百閒先生の酒癖とか、酒の肴に格好の伝説は多々あるけれど、まずは生真面目な下町商売の真髄をつかまえていただきたい。できればひとり酒でね。

さて東京の居酒屋ご案内、伊勢藤・松風・鍵屋ときた。藤に松に鍵と並べばこれは典型的な江戸の伝承意匠ですな。これにこも樽・小若の半纏・縁台・お師匠さんとくればもう、下町お得意の通俗図会ときたもんだ。

そこで最後のお店はその名も、酒場「江戸一」。

往時の大塚は、料亭が二十数軒、待合が二百余軒、芸妓が六百人の大三業地でありました。「角海老」や「白木屋百貨店」や寄席の「鈴本」まであった。その大塚駅前に、終戦のあくる年にはじめたお店がこの「江戸一」。

当初は朝の九時にのれんが出て夜の九時に仕舞いだった。

午前中に顔を出すのは酒仙・田村隆一。流儀は山の手。

というわけでこの店はとびきり客筋がいい……学生のときに知ってはいたけれどとても敷居を跨げない。当たり前だ。

で、我慢してて三十代になる直前に訪ねた。漸《ようよ》う二十年と少し過ぎた。

ここのカウンターは大きなコの字型で分厚い檜の一枚板。とんでもなく贅沢なもの。で、対面の客の様子がよく見える（自分も見られてるってことだけどね）。

もう、いろんな呑み助がいらっしゃいます。下町職人タイプも、眠狂四郎タイプも、小原庄助さん風もいる。庄助さんなんかさ、入ってきたときからもう鼻が赤いんだものなぁ。常連さんも一見さんも、呑んだくれは相身互い。譲り合い、品よく、いい顔して呑んでます。

専ら「世間」を研究テーマにする大学の先生をお連れしたことがある。席につきぐるりと見渡すとひと言、「町内の銭湯だ」とおっしゃった……お見事。

ここの女将さんの客あしらいは天下一品。なんど目の覚めるような大岡裁きを目にしたことか。

それとここは、台所は男衆で、お燗番と注文聞きは女衆と代々決まっている。この女将さんのお燗が、これまた素晴らしい。

三代目（娘さん）が、お燗をつけはじめてしばらくのとき。もちろん近頃じゃ三代目も脂がのってきました。僭越ながら当時の話です。

女将さんのは同じお燗でもぴったり感が微妙に違った。なにが違うんだろう。そう思いつつ察しがつかずにいた。

ある日ようやく分かった。お燗器でついたときがぴったりのお燗じゃなかった。私が呑んだ瞬間でぴったりなんだ、と。

つけたお銚子を、女将さんが運んで来て、私が呑むタイミング。このときがベストのお燗具合ということ。ほんの数歩の差……凄い。

もひとつ正調居酒屋で嬉しいのは、旬の肴が日々味わえること。刺身や焼魚、魚介もおひたしも煮物も旨い、もちろん。それがひと月は上旬・中旬・下旬とあるから、ほぼ十日おきに少しずつ替わるんですな。日ノ本の酒呑みとはなんと贅沢なもの。有難いねぇ。

さらに、配膳の女性たちの元気と誠実さにもこころが安らぎます。中国や台湾の留学生が働くようになってだいぶ経つけれど、まずもって皆いい子ばかり。どんな躾をしているのか、初めこそぎこちないけれど、じき呑んべぇの気持ちを察知する勘と「お燗つけ」を身につけてしまう。大したものだ。

酒呑みの謙虚さと多少の緊張感を知っている客には天国のような店、と云いきってしまいましょう。

ほかに替えようのない街の共有財というべき店がなくなっていく。ある程度仕方のないことではある。でもけしてあきらめたくはない。このまちには、大衆酒場、国民酒場という矜持を守る居酒屋が、まだ頑張っている。

だまされたつもりでしばらくは通ってほしい。

ぴんの店でふだんの酒こそ上手にいただく、上級の心得がものになること請け負います。

ということで、「江戸・松・鍵・藤」。縁起のいい図紋合わせのこの四軒を、勝手千万ながらひとまず居酒屋四天王とさせていただく。

東京の居酒屋ここに在り。

（二〇〇七年夏）

［二〇二三年追記］
二〇一九年正月、浅草ぶらぶらしてたら「松風」の元ご主人にひょいとお会いした。あちらは地元なんだから不思議はないけれど、えらく懐かしかった。「もう十二年ですよ」と誠之助さん……てことはもう十五年か。早いねぇ……なんて話をする珈琲屋は「アロマ」。浅草通、落語通、世間通と三拍子そろったご主人と奥さま。浅草巡りの恰好の基地です。

昼酒礼讃

昼酒。

いいねぇ。大好き。

サラリーマンがそろそろランチを終えて席を立つ頃、入れ違いにドアを押す。

「へへ、悪いね。あっしはこれから一杯やらせてもらうよ」なんて心でつぶやきつつ、独酌に具合の良さそうな席をさがす。「あすこ、いいですか」……運よく窓際のふたり席を確保する。ここなら相席はない。

まずは、「琥珀の時間」を頼む。「えーとガーリックトースト、それとハヤシカレーのご飯抜き、お願いします」。ランチメニューで済ませないよ。ちったぁ気ィ遣わないとね。てへ、このルーとトーストとビールが合うのよ、これが。

そうですここは神田・神保町「ランチョン」。

ひとり昼酒を覚えたのがたしか此処だった。建替える前（いちばん最近の）の一階席で、獲物の古本をめくりながら教授がひとり、タン塩で黒ビール、みたいなイメージ。ぽっと出の学生には重厚な雰囲気があったねぇ。ミニはいて機敏で目端のきくお嬢さん、いまだ健在。嬉しいやね。

で、注文したところでぐるりとあたりを見渡す。

この、いっぺんあたりを見渡す、というのが昼酒の昼酒たるところ。

だれに迷惑かけるわけじゃーないのに世間を気にする自分がいるのさ。ちょいとうしろめたいというか、ね。

「お天道様の高いうちから酒なんかかっくらってんじゃないよ、このごくつぶし」なーんて、こめかみに絆創膏貼ったばっちゃんに云われそうでないの。

でも不思議。陽のあるうちから申し訳ないっていう気持ちと裏腹に、堅気じゃないからさ、今日のオレは。ま、だからこうして呑んじゃうわけだけどね、と妙に居直る自分もいたりする。そこがいいんだ昼酒は。きっと。

てんで勝手にひとりごちてると、来ましたよ。アツアツのが。この熱いうちにトーストにルーね。もうニンニクプンプンだけど、ざまぁみろだよ。だれに云ってんだか分かんないけどさ。

でも最近あれだね、イタリアンとかパスタ・ランチなんて小洒落たもんが当たり前だから、ＯＬさんも昼間っからずいぶんとニンニク臭いのが歩いてるね。

うん、いいことだよ。それでもいい娘だ、と思わせたらその子はほんとに魅力的ってことでしょ。あんまし見かけないけどね……はは。お代わりください。琥珀ね。

そしてご想像の通り、杯を重ねてビーフパイかメンチカツも頼んじゃって、すっかり出来上がっちゃうわけだな。時計は二時半。さてそろそろ腰をあげますかね。その前に最近改装されたトイレに寄って、と。

でもなんだろこのビアホールって、銀座でも何処でも、明るいうちから呑むのに抵抗が少ない酒場だよね。有楽町駅前の交通会館横にあった「レバンテ」も、いわずと知れた七丁目の「ビヤホールライオン」も、大好きだった交詢社ビルの「ピルゼン」も、昼下がりの一杯が至福の時間だった。

『ビール大全』なんて本を古本屋で仕入れてね、「ビアホールにおける上客のマナー」とは……いま思うと恥ずかしくて笑っちゃうけど、まずそのホールの注ぎ手名人の近くか目の届く席に着く。で、ビールは均等の量ずつ呑むべし。するとグラスにも均等に白い泡のあとが付く。一センチ間隔がベスト。泡が一直線にきれいに付かないのはグラスの洗い方が足りないせいで、ちゃんとしたビアホールというものはグラスの油分の拭き取りには格別の注意を払うものなり。なんてな。本気でやってたんだ、オレ。

そんで呑み終わったグラスの泡のあとを注ぎ手に見えるように置くわけ。するとそれを見た名人が「おぬしできるな」てんで、二杯目からの注ぎ方に神経をつかってさらに名人芸を披露してくれるという……実に麗しい関係というか、無言のコミュニケーションが交わされていたのであります。

うん、「レバンテ」も「灘コロンビア」も「正直ビヤホール」も、みんなこれ通じたよ。良き時代だねぇ。だって「レバンテ」のジェリー藤尾似の名人なんて、「休みの日なんで」って「ランチョン」に呑みに来てたもの。たまの休みによそのビアホールに来るんだよ。そんな昼酒の出会いは、忘れらんないやね。かんぱーい。

はは、まだ「ランチョン」に居んだぜ。ふー。結局、ビール四杯、ワイン一杯呑んじゃったよ。ご馳走さん。

店を出たとたん、靖国通りの景色がハイキーというか一段まぶしく感じる。これ昼酒独特。軽い白昼夢状態？　あ、いやはたから見たらただの酔っ払い。これまた。

ところでさ、昼酒って、ちいさな罪の意識が隠し味だとすると、開き直ったというか「オレらの酒はこれからさ」的な酒場もある。夜勤あけとか、昼夜逆の仕事でさ、いまからがお疲れさんタイム、という人のための店ね。

池袋の昼酒は、なんたって西口の「酒場　ふくろ」ね。

三十年は通う店。ずどーんと広いカウンターの開放感と、どーぞ呑んだくれてええんよ、という懐のあったかい感じが変わらない。ここで呑んでると、うしろめたさなんていつのまにか飛んじゃうのね。国民酒場の真打ち。

なにがいいって、夜勤あけ・朝番あけの労働者諸君、パチプロ、リタイア爺さんとかがいっしょくたになって呑んでる姿さ。

理不尽のうさ晴らしも、とっときの自慢話も、カウンターの中のお姐さんたちが聞いてくれる。適当にね。酔っ払いのたわ言にいちいち付き合ってらんないやね。はは。

感心するのはつまみの充実ぶりよ。もちろん値段も格安です。こないだの「たこぶつ」はお見事。三五〇円だって。倍は取れるよ。昔っからのかき揚げ盛り合わせも相変わらずのたっぷりのボリューム。焼そばもご飯もあってそこらの昼定よりよっぽど気が利いてる。ただし慣れない堅気のサラリーマン諸氏はちいと気ィつけて。上から目線であたりを見ちゃだめですよぉ。注意事項はそんだけ。いざ、昼酒の虎の穴へ。

ちょいとぶっそうな気配がしたならごめんなさいよ。神保町から池袋へだものね。でも喧嘩も少なくなったし、奇人変人も減ったけどねー。

此処ではもっぱら焼酎よ。ホッピー、酎ハイ、ウーロンハイ。

え？　昼のハードリカーはちょっと、ですか……分かった。それなら昼酒の正統派てぇのを、ご紹介しやしょう。その前に会計ね。

はい、ではお次は日本橋の「室町砂場」、神田「まつや」、浅草「藪」。と来れば、そう蕎麦屋さんですねぇ。はい、日本人が、昼間っから堂々と日本酒を呑めるところ。蕎麦屋で一杯。これですな。

こんないい昼酒はないよね。もともとさ、蕎麦屋は酒を昼間から出すもんだっていう、暗黙の了解があるよね。これがいい。時代劇や時代小説の刷り込みかね。藤沢周平か鬼平か、てなもんだ。江戸の煮切り屋から居酒屋が分かれ独立して……なんてうんちくはどうでもいいやね、ざっかけないのがいちばんの魅力でしょ。ただし、あんまりな長っちりはご法度ですけれど。

近所で蕎麦屋をさがすときも、昼酒のことを考えてのれんをくぐってみる。ま、酒の銘柄は二の次。それ云ってたらいまどきは「やけにグレイな内装にほの暗くてジャズがかかってて、もり一枚八百円で蕎麦焼酎ロック千円」の店になっちゃうじゃない。そんなとこで昼から酒なんか呑めるかよってんだ。あ、いやつい。すまん。

それよりね、フッーの蕎麦屋でさ、旦那の顔見るのよ。それでこのひと酒が好きそうだなあって、感じね。

そしたらさ、上等でなくともお燗の具合とか酒のアテとか、なんか期待できるのよ。そんで通ってるうちに、向こうも「こいつ土曜のたんびに昼酒に来やがって」って顔をおぼえるよ。するってぇと、「こいつでやってみない」なんてんで、とっときのからすみが出てきたりして……ってそうそうあることじゃないんだけどさ。でも、確実に居心地のいい自分の席がひとつできるってもんだ。うん。

「室町砂場」は勤め人稼業なりたての頃の、とっておきだった。

玉子焼き、天たね、焼鳥で菊正のお燗がすすんじゃうんだなぁ。

女性にも好評の昼のデート場。子どもが来るとね、仲居さんたちが不二家ミルキーの大箱をあげるんだ。微笑ましい昭和日本の光景……そして重役然とした客たちがつぎつぎと会社に戻っていくのを尻目に、「もう一本ください」なんてねー。

「まつや」は有名店ですから説明無用だけど、ここも呑み助紳士のたまり場だぁね。いつも混んでるけど、ひとり客なら意外と入れるもんだよ。

ここのうんちくをひとつ。お酒を頼むと豆みそが付いてくるよね。箸でつついてなめるんだけど、さいごのほうがどうしてもきれいにこそげ取れない。どうするか。

お燗が来たらちょいとたらす。で、箸でかきまぜるときれいにぺろり。女のひとに、箸でなく紅さし指かなんかでこれやられると、なかなかですぜ。旦那。ただし、どこぞの重役とおぼしき爺さまと手下がぞろぞろ入ってきたら、すっと出ることですな。ただでさえ狭い通路が余計狭くなり、爺さまがもり一枚注文したらば、皆右に倣えだ。ガタイのいい部下たち可哀そうにね、昼めしにもり一枚かい。上司と食事じゃ相手より高いものは頼めない世間のオキテ……日本の勤め人はツライねぇーっと。

そうね、ほかにも昼の鮨屋とか鰻屋とかもアリだけど、せいぜい三ヵ月に一度。鮨屋や鰻屋だとどうしたって食べるほうが主で、御酒《ごしゅ》は従になる。せっかくだから酒を一本、てぇのと、ここのつまみで酒がやりたいな……の違いかな。ふだんの昼酒とハレの昼酒ね。

文字通り、酒が主となるとホテルのバーという選択もある。早めの昼飯あとの一杯とか、待ち合わせしてる食前の一杯ってのもよござんす。

さすがにバーだと二杯までかな。でもこれで十分ですな、背徳の昼酒だもの。私がもっぱら修行させていただいたのは、帝国ホテル。

ロビーの「ランデヴー」の昼の客層は、手持ち無沙汰の外国人観光客と初対面のビジネスマン同士。二階の「オールドインペリアルバー」はＶＩＰクラスの常連とビジネスの盟友たち、てな感じかな。

ハーパー、ダブルで、と云うとジガーなんぞ使わずたっぷり注いでくれる。これがいいね。そして、オールドインペリアルの長ーいカウンターの真上には、客席分だけスポットライトが付いているの。

だから運ばれてきたグラスにピンで照明が当たり、ひとつずつがみな特別な一杯になる。

ひとりずつが特別な客になれる。

こういうのが贅なんだ。


クリスマスシーズンの午後のこと。ご常連が「これみんなで。いつもありがとう」とご祝儀袋をチーフバーテンダーに渡してた。ごく自然にね。野暮はひと気の少ない昼間に、ということ。ちっとも野暮じゃぁないのに。

これぞ、銀座紳士の昼酒。

あれから幾年月。いまもこの二階に上がるけれど、さすがにそんな風情は消えましたな。

良き時代の若造の思い出。


いつの間にか秋の風。日本酒も夏の熟成を経ていよいよまろやか味の季節。

では明日の昼すぎ、どちらで待ち合わせましょう哉。


(二〇〇七年秋)

［二〇二三年追記］

いにしえの「レバンテ」、「ピルゼン」、「灘コロンビア」以外の店はフル稼働中。営業時間や品書きの工夫をしつつ新規の客層も増やしてる。エライね――昼酒は不滅です。

浅草呑み処案内

この号が出る頃には、浅草の銘酒処「松風」はもうない。一年前から予告の貼り紙があったものの、何となく「もう少し後だよな」という勝手な安心感というか現実逃避で通ってた。夏休みの終わり直前まで宿題ほうっておくみたいなね……で、いよいよ今年になって「あすこ閉まっちゃうんだよねぇ」ってんで、呑み助たちがこぞって話題にするようになった。そん時ぁもう遅い。そう、ついにまたひとつ東京を代表する名酒家がなくなりました。酒都・浅草で中心になってた酒亭が、だからね。えらく残念であります。

だけどね、ここのご主人のえらいのは計画倒産、じゃなく計画閉店。長年贔屓のご常連たちをテイク・オフさせるために、この一年間ボランティア営業してたってことなのさ。誠之助旦那、「もう来なくていいから」なんてあったかい憎まれ口を云いながらね。

それで話はこうつづくわけさ。

「そんでどーするよ」

「なあ、それよ」

「どこ行く？　これからはさ」

はい、ということで今回はポスト「松風」問題。週末に、酒呑みが浅草でひとりもしくは数人で、ゆっくり愉しめる店をご案内いたします。

でも、だいたいねー「松風」みたいに、平日も土日も午後四時から旨い燗酒を呑ませる店自体が、もはや貴重なんでね。都内でも、お燗器があってお燗番がいて日本酒好きのご常連さんが集まる店ってのがもう、十軒あるかないか……とはいえ、それじゃー話が進まない。松風はなくなっちまったけど酒呑みやめるわけいかないからね。

まずは、待ち合わせとはじめの一杯に「酒の大桝《だいます》」。

だれでもわかる雷門をくぐったら、新仲見世通りを右手にそれて横道の少し先。大店の酒屋さんがやってる店で、金券を買ってつまみや酒をちょっとずつ呑める。ま、今ふうの日本酒が味わえます。奥のカウンターがガラス張りで、道行くひとと目線の交換しながら仲間とワイワイできる。難点は、椅子が低すぎること。店員さんにそんなこと云っても無視されてるけどねー。

ひとつおすすめは、ヒューガルデンの生が呑めること。爽やかな呑み口であります。このビール、近頃は鰻屋や焼鳥屋に置いてある。タレとの相性がいいんだ。「白穂乃香」なんて銘柄も同じことだな。

さて、はずみをつけたところで、ポスト松風、燗酒のおすすめ二軒。仲見世を斜め横断して国際通りの方角へ。

ひとつは「すし468」。これで〝ヨーロッパ〟と読ませる。はじめはコラ、呑んだくれをなめてんのかぁって感じで入ったんだけど、全然客をなめてなかった。なめてかかったあっしこそ悪うござんした。いい具合のお燗が呑めます。

穴子の棒ずしと芋吸がめっぽう評判の京風すしの店なんだけど、なんたって昼から通しでやってるからね、へへ。ちょいとしたアテをお任せにしてのんびりやれます。若いご主人がいい。旨いもんつくりますって顔してるよ。西浅草三丁目。

分かりやすいのは田原町の駅を背にして国際通りの左側をビューホテルに向かう。で、スーパーライフ、昔ながらの丸金煙草店の角。この店、煙草吸いにはいい土産が買えますよ。ここを左ね。少し先に公園が右手に見えてくるからそこで左へ折れて駐車場の前。再開発して建つ大規模マンションの真裏です。三年目にしてすでに浅草の若い名店。美人のかみさんと所帯持ってますます張り切ってるよね。

もう一軒は開店が五時ってのが、なんなんだけど、その名も「ぬる燗」。ここは浅草三丁目。浅草寺裏手。要は5656《ゴロゴロ》会館（なんだい語呂合わせもいいとこなのは浅草の伝統かい）の通りより一本馬道寄りの道を入ってすぐの右。のれんに書かれた「ちょっと二杯」っていうフレーズがいいね。

ここはお燗はもちろん、焼酎も冷酒も吟味したものが置いてある。まずはおすすめから行くんだね。はずれたことない。若いひとり客が居るのもここのいいところ、だと思う。男は独酌を楽しめるようになって一人前だからね。うん。場所柄、稽古帰りの粋な姐さんたちが小上がりで寛いでいるのもいい風情。それとなんてったって肴がいいよ、ここも。さすがあちこちで修業した旦那だけある。おまけに姿のいい女将さんの所作が華を添えてる、ときたもんだ。二軒とも若主人なのに憎らしいくらいだ。この野郎ー。いやいやぜひご贔屓に。

さてわたしとしちゃいきなりの隠し玉のつもりだったんだけど、どーだろね。まぁ、お燗の呑める店があると安心というか、ほかの店との組み合わせができるでしょ、そこがベースになってね。うん。そこでお次は何処だいってことになるよね。うん、なる。なるよ。ふはは。

そうねぇ「松風」でとっとと三本呑んだら、すし屋通りの「あづま」に行ったり、うんと奢って鮨「松波」に呼ばれたり。だんだんメートルがあがると、どよーん系（雰囲気分かりますよね）に足が向くんだけど。でも浅草は広いよぉ。そしてなんでもあるぞぉ。ほい。じゃーね、ある日のわたしの浅草、ね。

春日通り沿いに住む身ゆえ、たいてい都バスで一直線。寿三丁目で降りればすぐに、国際通りのはじまりはじまりー。

とんかつの「すぎ田」や数時間しか営業しない「キッチン南海」を横目で見ながら、駒形、寿町を北にジグザグに向かう。職人の家や古美術屋とか味のある仕舞屋とかが並ぶ街なんだ、これが。

消防署の通りから大通りに出ていつもの「ほていや中塚商店」。寿四丁目。煎り豆と落花生の店で製造直販だから旨いよぉ。いっつも鳩がたむろ（？）してるけど、どうかすると一羽もいない日もある。

「今日はいないね」

「いやー気まぐれなんだよ。いろいろあっちも忙しいんじゃないの」

なんて主人と会話しながら炒りバターと塩豆をもらう。書斎の奥に常備してるウイスキーのアテですな。以前はひさご通りにも同じ煎り豆屋の「但馬屋」さんがあって、黙って通れなかったんだけど、数年前にたたんじまった。そうここはポスト但馬屋。

さて、まだ昼どき。昼めしで軽くきこし召すってのはどう？　あくまで夕方からのためのつなぎ、ね。つなぎなんだけどでもそこは浅草らしい店でやりたいっていう、心持ちね。

蕎麦屋や煮込み通りもいいけどさ、飽きたらね、たとえば国際通りを同じくビューホテルに向かって手前の合羽橋通りを左に入る。どぜうの「飯田屋」とか「キッチン城山」とか入りたくなりそーな店が並んでるけど我慢してどんどん歩くと左手に「ときわ食堂」。数あるときわ会のなかでも、ここはとくに張ってるよぉ。昔ながらのまぐろづけ、きんきの煮付け、大ぶりのあじフライでビール小瓶と黒。それと清酒、金蘭「亀の世」お燗ときたもんだ。

連れがいるときは、ここで本日の散策コースをあれこれ相談。どこの「ときわ食堂」も、このまちの良心そのもの。で、いかにも昔の東京らしい口跡のきれいなおばちゃんが、きびきびと運んでくるお皿と、壁の品書きを見比べて連れが必ず云う台詞は、「こんな値段でほんとにいいの？」……ただし一時でいったん店仕舞い。四時からまた始まるけど土曜は残念ながら昼のみ。さっさと出ましょうね。

さぁて、それじゃ腹ごなしにぐるっとひと回りしてみますかね。

本日は、吉原大門《おおもん》辺りまでぷらぷら。お酉様のとこから右に折れて花園をひやかしてまたジグザグ……大塚でも錦糸町でも王子でもさ「花」の付く町はいつまでも婀娜っぽい匂いがするもんだねぇ。

行きつ戻りつ、千束《せんぞく》の通りにひっかかったりしてると小一時間はあっと云う間です。で、はい休憩時間。珈琲？　違うよぉ、呑むんだよ。

浅草一丁目一番地がご存知「神谷バー」なら、日本堤一丁目一番地は、「丸千葉」ときたもんだ。

吉原大門跡を背中にすると、蹴とばしの「みの屋」と土手の「伊勢屋」を左にみて通りを渡り、日の出商店街を入ってって左手。

なにがいいって、ここは午後二時から呑めるんだぜぃ。はは。改装してきれいになってずいぶん入り易くなった。品書きも「蒸したて」「焼きたて」「絞りたて」とくるよ。あ、お酒は菊正や大関ほか近頃は種類が増えてる。生ビールや焼酎あり。で、店の大将やっちゃんの見事な客さばきを眺めながらとりあえず一杯やってね。コの字のカウンターもテーブル席もゆったりしてて落ち着く。

そしてここにはさ、一人前の鍋がある。ひとり酒のお客を大事にしてるってこと。地元のおっちゃん、山谷の宿泊者がいい顔して呑んでる。ここで浅草デビューの友だちと待ち合わせするのもいいんじゃないの。大川の土手から雷門に攻め入るわけやね。

で、すぐ近くには「大林」。こちらは三時から。浅草好きには有名店だから説明無用ね。

並びの「バッハ」の珈琲とシュークリームももはや名物ですかね。さらにこの界隈には、立呑み場がある。はい？　違うよ、立呑み屋じゃないの。立呑み「場」、ね。

あのさ、地べたに酒とツマミの自動販売機が四方にぐるりと何台も並んで置かれた処に、小屋掛けしてあるって寸法。真ん中にひとつだけテーブルがあって、隅になんだか映画館のチケツ窓みたいな設えがある。そんで週末だけなかに人が居て、ちょいと温ったかい人の手のかかったアテが買えるという……覚悟のあるひとだけ行ってみてね。もちろん看板なんかないよー。ふふ。

そんでいよいよ言問通りに戻って、「ぬる燗」に。いい心持ちになって、さてまだなんとなく物足りないなぁ、と思う。で、この見番の周りは旨いもの屋の宝庫でしょ。洋食から焼鳥から釜めしから……でも今日はモツでも喰いてぇな、と思うわけだ。で、あるんだなこれが近くに。そう「うまいち」があるでないの。ややこしいけど馬道通り沿いの「うまいち」ね。浅草六丁目。

六時すぎてるからもうやってるはず。しかも年中無休。「つぶしたて」なんて言葉を素人のオレらが知らなかった頃、ここの刺しと焼きを食べてぶっ飛んだね。

いまじゃー焼きとん屋なんて山ほどあるけど、しみじみ丁寧な仕事してるな、と思う店はいくらもない。材料が良けりゃいいってもんじゃーないしね。メニューもシンプル。刺し、焼き、お新香、カクテキ、炭酸強めのチュウハイ。ついでだけど、近頃みたいにホッピーに氷入れるの、東京じゃ邪道だかんね。念のため。はい。

そしてここの旦那が渋い。渋すぎます。筋金入りの浅草人の店。こういう店でいい客になりたいもんだねぇ。

渋いと云えばね、これ以上の渋さはないよってのが、「初小川」で呑むこと。雷門二丁目。はい、ご存知鰻の有名処です。焼き上がるまで時間がかかるのを逆手に取る。そう、みそ豆や骨せんべいでお銚子をやる。此処じゃ囲炉裏に乗った鉄瓶で自分でお燗するのね。むろんほかのお客さんもいるからね、度胸がいる。下戸たちも固唾をのんで見守ってる。なはは。

そんなか平然と頃合いを見計らってとっくりを取り上げる。多少熱くても熱そうな顔をしない。ゆっくりと猪口に注ぐ。あくまでゆっくりと。これが肝心。で、うらやましそうな顔してる客たちを無視して、呑む。ゆったりと呑む。旨し……「陶然として自ら楽しむ」。これ、「松風」のカウンターの、真澄の四斗樽にかかれた「うた」ですな。これぞ呑んだくれの真髄。間違いない。

どうも松風に話が戻っちゃうけどね、松風のご主人は仕舞いにもうひとつ素晴らしいことをしてくれていて、それはお湯の温度とお燗の頃合いをデータで残してくれたこと。ある時期、お燗器に温度計を入れるご主人を見たお客が、あんなんで燗つけてる、なんて勘違いしたんだ。とんでもない。やがてのこと考えて、家でもお燗を楽しむ方策をあれこれ書きつけてくれた。商売のこと、貴重な昔話なんかを簡潔に、でもしっかりと歴史のにじむ文章でね。これはなんとブログで手に入るよ。浅草の商売人てのはすごいでしょ。

なのにさせっかく天下の浅草に来てるのに、ラーメンとか立喰い寿司とか、よその街にもある店によく入るもんだ。なにが哀しくていつものチェーン店でなごむのよ。普段のしがらみ、くさりをほどきにやって来るんでしょ、盛り場ってさ。そう思わないかい。浅草は「見るまち、買うまち、食べるまち」ってね。初見をたのしもうよ。

喫茶店だってこんな個性溢れる店が揃ってる処はないよ。「アンヂェラス」のケーキと三階席のあの雰囲気、「アロマ」の一人ひとりの顔を見ながらきっちり淹れてくれる珈琲やひと口サイズのトースト、生ジュースの旨いこと旨いこと、そして高座待ちの師匠たちが喉をうるおしてたりするよ。

「マウンテン」なんて純喫茶と謳いながら、あれだよ、未だに二階でお好み焼きだかんね。此処でいっぺんアイスクリームやかき氷頼んでみるといい。なにこのボリュームーってね。面白いぞぉ。いやすごいのなんの。

ラーメンだって浅草駅地下街徒歩ゼロ分の「山小屋」はじめ、「太陽」、「馬賊」、「博雅」とこの街らしい店ばっかり。「来集軒」なんて何軒もあるし。もちろん皆、独酌できる店。せっかくなんだからいつもよりか少し歩こうよ。食べ歩き番組のタレントじゃーないんだからマイペースでいいんだけど。足で見るまち、でもあるんだ。浅草は。

いつの間にか自分の散歩から外れちゃったけどね、そうそうあとはねぇ、まだ行くとこはある。うん、あるよ。はは、バールだね。

浅草らしくて賑わっている「トラットリア フクヒロ」。ここは、かつて賑わったSKD(松竹歌劇団)劇場(いまや国際ビューホテルね)の向かいにあったレストランの流れを汲む店。舞台のはねたあと不世出の大スター、ターキーなんかがわいわいと通ったというから、そりゃ華やかな社交場だったろうねぇ。えっいつ頃の話? そうさね、SKDの全盛は昭和十二年までだろうねぇ。

「フクヒロ」はそのかつての大店の孫、土地っ子オーナーが始めたイタリアンで、銀座に「アズーロ」っていう支店を出したほど流行ってる。今どきはコスパっていうの? じつに素晴らしいよ。

で、すぐ横に併設のバールがあって、正面のトラットリアと厨房でつながっている。なんで、あっちのメニューからの取り寄せなんて我儘も出来る。手頃なワインと料理で夜中まで浅草を堪能できます。

そして、国際通りを渡れば向かいはいわずと知れた「バーリィ浅草」。今宵も名バーマン・佐野氏の仕事を継いだ木村さんが、キレのあるカクテルを作ってくれる……バブルの頃の、あの二階もパンパンだった時代から随分客足も変わったけれど、まぁとにかくカクテルバーのナンバーワンです。浅草らしい、ね。

そういえば最近の、ほんとのほんとの仕上げの一杯は「ザ・ホームズ」だな。帰り道の駒形一丁目の角っこ。よろよろとドアを開けるといつものひげのマスター。浅草でいちばん旨い生ギネスの呑める店がここ。保証します。

出来て二十年ほどというけど、もっと昔からこの路地にある気がする。シャーロキアン専用の店？　いえいえそんなことないのでご安心。

ギネスとエビスのハーフもいける。そうそう秘蔵のベーコン、これがなんと生でまた旨いのよねぇ……ってもうこんな時間だ。

最終バスに間に合うかなぁっと。はい、ごっそうさん。

あれま、バス停に向かう途中に開店したての居酒屋さん発見。さすがに今日は勘弁ねーでも看板がいいねぇ。

「お客さん募集中／年齢・経験不問」だって。

そう、ここはあなたを待ってるまち。
浅草へ　ようこそいらっしゃいまし。

（二〇〇八年春）

［二〇二三年追記］
山谷の再開発が喧伝されて久しい。が、取り壊された木造アパート跡や、さびれた商店街の歯抜け状態は、相変わらずそのまんま。とうに立呑み場もない。観光客で賑わう雷門やオレンジ通りだって様変わりしてる。大好きだった名喫茶「アンヂェラス」もない。横に「キティちゃんハウス」だよー。でも浅草というまちは、キッチュで永遠不滅のびっくり箱。〝変面〟のまちともいう。云わないか……老舗もまだまだしぶとくあるし、新規の出店もひっきりなしとくる。そんでこのまちは「あの頃はー」と若かりし自分の仕方話や、十年前に当てたマンシュウのことといまだに云いたくてしょうがない連中ばっかしなの。隣りの席から声かけられてもビビらないでね。人懐っこいだけだから。はは。日本一のモダンな盛り場だった頃の記憶……はいダミ声で、さぁさぁ、寄ってらっしゃい見てらっしゃいな。
「松風」のご主人のブログは、NHN JAPANが運営するCURURUサイトにあがっていたものので二〇一〇年にサービスが終了した。全一八話、わたしはプリントして手元に持っています。ご興味ある方は編集部にご連絡を。

冷やの季節

夏越、夏座敷、打ち水、水菓子、灯篭、よしず、たらい、麦わら帽子、風鈴、ほおづき、走馬灯、籠枕、蚊帳、川床涼み……。

並べただけで季語ってもんは、折々の情景を鮮やかに、そしてパノラマ仕立てで見せてくれる。有難いね。

旧暦の夏至とくれば田植えが終わり、小暑、大暑とじきに鬱陶しさからカッと強い日差しの季節に変わる。

なんだかんだ云ったって、やっぱり夏は夏らしくないとね。よしずが張られて、店先に縁台が並んで涼しげな店構え……もうちょっとの辛抱さね。

でもってこっちはどうしたって、暖簾くぐったなかの品書きが浮かんでくるよな。梅雨から夏のお楽しみといえば、鮎にはじまって、土用鰻に土用蜆、きす、いさき、あなごにあわび、瓜漬け、冬瓜、なす、さやいんげん、新しょうが、赤じそ、胡瓜揉み、冷奴……

と来たもんだ。

なかでも豆腐、冷奴というのが、この季節とくに旨いよねぇ。

「豆腐に味なんかあるもんかい、醬油つけて食うだけだろ、味なんかしねぇよ」なんて、日本に生まれし幸を知らない、幸薄ーい御仁が近頃は少なからずいらっしゃるようですが、とんでもない、あーた。

だってさ、たまさか海外に一週間いるでしょ、帰ってきてなにがいっとう旨いかというと、これが日本酒と豆腐なんだな。何処の国に行こうが、酒は切らさず、毎朝・毎昼・毎晩ご当地ものをいただくわけだけれど、でもあっちじゃたいがい肉や小麦やバターっ気の食事になるよね。でさ、一週間も日本酒を呑まない、豆腐を食べないでいる。で帰ってきて〝奴でお燗を一本〟やったときの旨さ。こたえられませんね。

淡白極まりないはずの豆腐・醬油・日本酒の、甘みや苦みやつまり九味が口のなかにぱぁーっと広がるものね。

どんな好物も、毎日つづけてると味蕾が慣れて新鮮さが磨耗する。でも久しぶりだと、こんなにいろんな味が混じってるんだって実感できる。イノシン酸、グルタミン酸だの旨味成分に反応するんだろうね。肉と魚じゃたんぱく質でも違うわけでね、長いこと魚と醬油の旨味がからだに馴染んでる人種と、肉の旨味が馴染んだ人種とじゃ「旨い」っていう感覚が違うという、当たり前の話だーね。

　そうそう、あの虎ノ門の「鈴傳」も閉店しちゃったけど……もうーいい店はどんどんなくなるね。ぴんの呑み屋は減る一方だ。毎回云ってるけど……でも、あすこのおぼろ豆腐は美味しかったねぇ。いまどきスーパーに並んでるような大仰な宣伝文句の高級豆腐あんだろ。冗談じゃないよ。庶民の食いもんだろ。しょせんさ。

「鈴傳」は何十年も前からこの旨い豆腐が看板さね。開店と同時に界隈の呑んべぇ勤め人たちが、いつものように整然とテーブルにつく。銘々好きな酒とほとんどがこの豆腐を頼んでたよ。よくぞ日本人に生まれけり、ってなもんだな。涼しげな器もおかかの盛りも良かった。コップ酒によく合う一級の肴でしたねー。正しきフッーがいちばんでぃ。

　そういえばここは夏場になるとね、「冷やしビール」ってわざわざ謳ってた。分かる？　あのね、ビールでもトマトでも西瓜でも、昔は井戸水とか、たらいに流水で冷やしたもんなんだ。

　なんで？　これだよーー。だからネット世代はヤなんだよ。冷蔵庫なんてものは、たかだかここ四十年くらいのもんなんだよ。でね、手間かけてあんたのために冷やしといたよぉーってアピールなわけ。

　この季節、冷たくしたもんは、ご馳走だったたってこと。

それと、呑み助から云わせるともひとつ、大事なことがある。なんでいまも「冷やしビール」と木札に書いたままなのか、ということ。

これがね、ビールの泡立ちが違うのよ。冷蔵庫で冷やしたビールと、清水や流水とかで冷やしたビールとじゃね。

店でも冷蔵庫から出してくるものはたいてい冷えすぎだよね。「キンキンに冷えた」なんていうけどさ、ビール本来の味わいはあんなに冷えたら分かんないよ。炭酸の泡がきつすぎて硬い感じ。ぴりぴり来る。はじめの一杯ならともかくね。

でもって井戸水や流水で時間かけて冷やしたのは、なんというか、泡がやわらかいのね。ほどよく冷えててビールらしさが味わえる……冷やしビールはだから、ご馳走なのさ。

だいたい「冷たい」というのは、「体温より低い」ことを云うんだよ、本来は。

人類史上はじめてなんだよ、各家庭に冷蔵庫があって、街のいたるところに自動販売機があって一年中冷えた飲み物が買えるなんて、さ。

こんな年中冷えたもの飲んでりゃ、そりゃー「冷たい」もんの感覚もおかしくなる。有難味も薄れるってもんだし、味の感覚も変わってくるのも仕方ない。

やたら炭酸の強いス〇パー〇ラ〇が発売されてえらく勢いづいたのも、こんな事情だーね。ワタシャいまだに苦手だね。

で、ビールを冷蔵庫で冷やすのはせいぜい、呑む二時間前くらいで十分でしょ。「冷やしすぎビール」って泡が立たない。泡のないビールってどーよ。ドイツじゃ、あれだよ、ビール注いだ、はじめの大きな泡を「警察の目」、あとから出てきて残ってるあのクリーミーな泡のことを「真珠」って呼ぶ。「真珠」はいかにもビール国らしい表現だけど、何で警察の目なのかね。

空気が多いんで粒がでかいわけだけど、うちらの警察はお目付け役だけど万事おおざっぱでさーとか、慌てて駆けつけるけどすぐ退散しちゃうのよーとかいう皮肉かね。はは、どうでもいいか。

でもこだわりつづけてることはたしかだからね。その点ではワタシら日本人のビール歴は、せいぜい文明開化のときからだからね。洋酒のなかではいちばんの新米なんだ。まだまだ修行が足りないよね。

二十年にもなるかな、銀座のバーにギネスの新型サーバーが登場した。超音波の振動で細かい泡をつくって……という趣向。コックをカクンとさせてたあの旧来のサーバーに替わる新兵器。いまはあちこちでみかけるようになった。

このときは銀座でも選ばれたバーだけでのお披露目だった。でもね、その銀座も、しつけのない大人たちが増えて久しいわけで、新兵器を面白がるわけでもなく、注ぎしなに呑んじまう御仁ばかり。あげく「やっぱりギネスは旨いね」だって。お莫迦さん。

黒はしばらく待って落ち着かせて呑むことを知らない客ばかりの世の中になってしまった。こないだ職場の新人くんに、池袋に引っ越したんで近くのビール屋教えてくれと云われて、「ダブリナーズ」に連れて行った。やっぱり置かれたギネスをすぐに呑んじゃう客が大半だった。思わず「一分待て」って手を伸ばしたくなったけどねぇ。ジョイスの『ダブリン市民』なんて知らないんだろな。知らなくてもいいけどさ。

も一軒東の横綱、ご存知国民酒場、十条「斎藤酒場」の話。

ここも呑みもんのいっとう最初に堂々と、「冷しビール　大びん四九〇円」でがんばってます。でもあれだよ、昔ね、こんな酒場リポートがあったの。

——活気ある昔ながらの店内はワイシャツのお父さんがいっぱい。「串カツはこちらでしたか?」とふれまわる店員さん。余るなら引き取ろうと思うが、いつもどこかのテーブルに吸収される。2本で200円のお勧めらしく、よく出ている。カレー野菜コロッケ（2個で200円）も「いかにもカレー」。いずれもからっと揚がっていて抜群。ポテトサラダ（200円）もあっさりしていて抜群で、この三品を果てしなく頼み続けたい衝動にかられる。ホッピー（黒も?）と焼酎中心の飲み物。なぜか「冷しビール」とわざわざ書いてあるのも雰囲気の一つ。いい気分で駅前へ。もういい時間だったのでミスタードーナツでコーヒー飲んで、帰宅。満足――

だってさ。

ね、お店の観察はともかく、冷やしビールが分かってないねこのひと。居酒屋研究家らしいけど。

ま、本題はここから。

「冷奴」、「冷やしビール」、と「冷や」つながり、の巻。

大塚「江戸一」、神楽坂「伊勢藤」、それと最近は斎藤酒場でさえ、そうなんだから、世の呑み屋という呑み屋で繰り広げられている光景ね。

「お酒、○錦、常温で」

「はい」

「こちら、ひや一本ー」

「えっ、いや常温だよ」

「はい、ひやですね」

「いや、常温ね」

「……(はい、はい)」

やれやれ。かと思うと別の二人連れさんは、

「あつ燗で一本」

「アタシはぬる燗で」

「はい、お客さま、あつ燗はふつうより熱めでよろしいんですね」

「いや、ふつうのあつ燗で」

「……(はい、はい)」

いつ頃からこの常温なんて言葉を、客が注文するときに使い出したんだろう。そりゃ、吟醸酒ブームも、純米はお燗だーブームも勝手なんだけどさ、江戸一、伊勢藤という、お燗が命の店でだよ、少なくとも店の者同士で「常温」といって客の注文を受けるはずないでしょうよ。そう思わない?

もともと体温より低い温度のことを冷やといった、このことさえ分かっていれば、ね。「ひや」は常温のまま出すお酒だし、冷たくしたお酒は「冷たいの」とか「冷酒」とか云うだろうし。

それに、お燗番がいて、お燗を売り物にしてる店にはじめて来てさ、ぬる燗だのあつ燗だの、なに云ってんの。だいたいがお燗のことを「あつ燗」て云ってるわけだしなぁ。〈お燗ごころ〉のある店は、その酒やその日の陽気に合った呑み頃を供するのを第一としてるわけで、店に馴染んで、そこのお燗具合が分かってきたところでようよう「少しぬるめでください」とか試してみるもんだ。

で、どんぴしゃの燗ならば、当たりーってもんだ。いい顔して呑んでてごらんよ。次からはあなた好みのお燗、が出てくるというものだ。

半可通まるだしであーでもないこーでもないとトンチンカンな注文つけるご新規さん……なんだろね、この日本人たちは。

かつてバブルがはじけて、交際費がめっきり使えなくなったおっさんたちが江戸一にも顔を出すようになった。指先でバッテンして「おあいそー」なんて莫迦やっててね。新参なら新参らしく、身銭で通う常連さんの所作に倣うとかさ、ちったぁ謙虚さが必要ってもんじゃーないのと思ってた。

でもそういう手合いは、じきに通ってこなくなるものでね。世の中よくしたもんさね。

こないだ魚を両側からつついて食べてる隣りの若いのに、女将さんが、

「そんな食べ方するもんじゃないよ。そうやってつつくのは葬式で骨拾う時だけなんだよ」

「知らなかったです。教えてください」

ブログ見てやってくる若者たちのほうがまだタチがいい。

修行してない、教養がないだけじゃーすまない気がする。この頃は毎日のように見かけるものなぁ。云いたかないんだけど仕方ない。

まず、手渡されるおしぼりをぐちゃぐちゃに置くんだこのひとたちは。なまこの死体じゃーないっての。

お盆の脇にすっとたたんで添えときなよ。おしぼりは、お隣りさんとの「結界」にも使えるからね。え？「結界」知らなかったら辞書引いとくれ。

で、正調居酒屋の一人分の席幅は一尺二寸ね。うん三十五、六センチ。カウンターでもテーブルでも同じ。江戸一は銘々にお盆が来るからいやでも分かる。これが自分の陣地内。おんなの人のちょうどお尻くらい。なはは。

つまり廊下で女中さんがお膳を持って行き違える幅ですな。これが日本人のスケール感覚で、自然とこれが一人前てぇことになってるの。

難しく云うとね、個人の「人格の前哨戦」の距離、アイデンティティー・ゾーンという奴で、海外だとこの倍くらいの距離ですな。

陣地内に収まって相身互いで気持ちよく呑む……まぁ、ここから酒場のマナーがはじまっていきます。

いままでカウンターに肘をのっけて呑んでたあなた、試しに両肘をおろして、ひざに置いてみて。ね、ラクになったでしょ。こぶし二つ分、あなたの陣地を確保したわけさ。

むろん、立呑みや国民酒場じゃそれぞれの流儀があるわけでね、何処も同じじゃーない。

東京らしい筋のいい居酒屋さんでの話です。エラそーに聴こえたら勘弁ね。

せっかく旨い酒、旨い肴を目の前に並べてたんだけどなぁ。やっぱり陽気のせいかなぁ、湿気の多い日は気も滅入りがちなんですかね。

そろそろ、風の通る座敷なんかに上がり込んでさ、ちょいと冷やした御酒をつーっと、いきたいもんだねぇ。

そうそう東銀座「秩父錦」に行って、あの小上がりでくつろぐってのはどう？

なにせ蔵元直送の冷たい奴、がいただけますからね。うん、大塚の「なべ家」じゃ、いよいよ鮎のコースがお待ちかねだしなー。そういえば、店仕舞いしちゃったけど高橋《たかばし》の「伊せ喜」もよかったねー。

川面の風情を感じながらどぜうで一献やってると、舟影が通ってく……オレは江戸の鬼平か、なぁーんて感じになれた。うん、お天とう様が恋しいね。

最後にひとつ質問。

この国の「旬」はいくつあるか。

四季だから四つ？　二十四節気だから二十四？

へへ、年がら年中酒場通いの身としちゃ、こう云いたいのさ。

あのね、日本は三十六旬の国なんじゃーないの。

居酒屋の品書きの木札を見てるとね、ほぼ十日ごとに肴が変わるわけね。「あさり汁が始まった」とか、「今年はふきのとうが早いね」とか、「お、今夜は焼き蛤があるでないの」とかね。

はい、小生の口ぐせ「呑み助の旬は、三十六旬」でありまして、こんな贅沢はないいね。山野河海の幸が一年中たのしめるこの国に生まれた幸せを日々感謝しつつ、本日も杯を重ねる……毎晩が小祭りときたもんだ。これまた。

そして、よっ待ってました。いろんな「冷や」が旨い季節の到来であります。

（二〇〇八年夏）

［二〇二三年追記］

夕暮れどきの虎ノ門の「鈴傳」。呑んべぃ紳士のたまり場でよござんしたねぇ。いや四谷の角打ち「鈴傳」は健在です。でも申し訳ないけれど、酒場の当たり前を知らない客が増えましたねぇ。どう見ても六十歳は過ぎてるのにちゃんと箸を持てないひとばかり。子供や孫との食卓風景、家族全員が……まさか。いやそうなのかな。店員さんの背中に平気で注文かけるし、勘定は「お愛想ー」とか云うし……いまどきは大抵の外国人がチョップ・スティック使えるし、「サケ」と白ワインの芳醇さ比べで盛り上がれるというのにね。もう外国人以下ということなのかな……残念無念が止まりません。

ビール天國

日ざしの強ーい真夏の昼前、田村町の交差点に立ってた。近くのワイン屋さんから帰るところ。勤め人の夏休み第一日目ね。ここは、なかなかの品揃えでわが家のご用達。なーに、気取ってるわけでなくリーズナブルなものが充実してるってこと。拙宅のささやかなワインセラーにはこれで充分なんであります。はい。店員さんの「お勧めマーク」を中心にささっと選び、呑んだくれとしましては休日のとっておきにマールを二本買い足して終了。十本以上で宅配してくれる。で手ぶらで新橋に戻ろうとしたわけです。

平日の休みっていいねぇ。周りはサラリーマンとOLばっかし……田村町と云えば、かつては小説の待ち合わせ場に登場するほどちょいとシャレた界隈だったはずですが、いまは昔日の面影なしだな。

にしてもアツい。どうするべ。

よーし、ひさびさ昼からビアホールで一杯どうよ。ふふ。決まり。

てんで足取りが軽くなってトントンと、ポンヌッフ（ご存じ新橋駅角の立食い蕎麦屋。新・橋＝ポンヌッフね。店のおばちゃんと常連の会話が濃いよー。蕎麦一杯のやり取りに歴史と連帯感が溢れてるよぉー）を越えて、アマンドから土橋《どばし》、銀座ナイン、ヤマハ……はい、着いた着いた。銀座七丁目「ビヤホールライオン」。

オールドファンとしては、なんたって注ぎ手が見えるとこがいい……空いてた、空いてた。学校だと教室の一番前の席。はは。

まずは定番、中ジョッキと「ピーたら」ね。でもこの「ピーたら」が近頃じゃ他所の「ライオン」に置いてないの、なんでかねー。生ビールに最強のツマミなのにねえ。

ま、でお代わり一杯、琥珀を二杯、お燗一本、オードブルセット。ふーこんくらいで勘弁ー。って誰に云ってんだか。ぷはぁーっと満足。

でもね実は大満足、ってんじゃなかった。なんだろ。いや、途中で気がついたんだけど、アレだよ、一口呑んだあとのジョッキの泡がさ、すぐに消えちゃうのよ。ダラーッとした感じにね。見たら両隣りもみんなそう。「エンジェルリング」なんてとても呼べない。なぜってビアホールのビールたるもの、泡は一直線にきれいに並ぶものです。

毎日こんだけの客の顔を見ながらの老舗商売、素人の私が思いつくような洗い方とか注ぎ方のモンダイじゃないでしょ。これはね。

なんたって銀座のビアホールといえば此処、なんだしね。ゆる泡リングの原因はなんじゃらほい。

で、はじまったのさ、ビアホール巡りがね。

きれいな「泡リング」はどこにある？　ときたもんだ。夏休み自由研究のお題をもらったみたいで、あちこちいさんで出かけたわけ。わはは。

もちろんライオンさんに尋ねましたよ。そしたら意外にも、「ウチでは元々それほどきっちりの泡すじにこだわってるわけじゃない」とのお答え。注ぎ方も、この頃よく聞く「二度注ぎ」、「三度注ぎ」でなく「一度注ぎ」なんだとか。なるほど店の流儀、ね。

たしかに、「正統生ビールとは泡すじが一直線に残るものナリ」ってのは、もーっと昔からのドイツ風やチェコ風にこだわる店から派生した、このまちのハイカラ神話かもしんない。

昔、新井徳司氏の「灘コロンビア」が八重洲に元気にあった頃、浅草「正直ビヤホール」のご主人が健在の頃、交詢社ビルに「ピルゼン」があった頃の話なんだな。つまりビアホールが張ってた時代。

新井氏なんてもう、まるで噺家さんだったものね、風貌も話し方も。

夏んなるとビール講習会ってことで、ほうぼうに呼ばれての名調子ぶりでしたね。なにせあの雑誌の『ポパイ』にだって、盛夏号にはビール注ぎ名人として必ず登場してたもの。

正直ビヤホールは、隣りの店からの出前のカレーでもう一杯、が懐かしい。なんでも旨かったピルゼンだけど、ザワークラウトもピロシキもみんな手作りにこだわってた。日曜もやってて、レジ番の細身のママがいつもオシャレだった……なーんてノスタルジーに浸ってばかりじゃダメじゃん、なぁ。けど、にしてもさ、呑んだあとの泡すじが、溶けたアイスクリームみたいになった目の前のジョッキ、ってどうよ……と、いまひとつ納得のために、いざ次なるビール屋へ。

浅草「神谷バー」と「アサヒビール アネックス」、神田「ビリー・バリューズ」、神保町「ランチョン」、六本木「セルベッサ」……はは、一日ビール屋四軒ずつはキツかったぁ。その間にメーカーさんのHP見たり、質問状出したりね。いやぁ、それで納得したことは、ことビールについちゃ、えらく多種多様の時代だということね。ビア・カフェとかビアラーなんてコトバが出来てたもの。

だからこそ、すでにクラシック感のあるビアホールも頑張ってる。もちろん泡すじ、泡もち、泡ぎれについての基準とこだわりは、それぞれある。そのうえで各メーカーが、自分とこのビールに合う注ぎ方、いまの日本人の料理の好みに合う注ぎ方を競ってる。これは素直に認めないとね。

だいいち基本の話だけどいまやビールってのは、瓶も缶も業務用の樽も、これみーんな生なんだよね。そう、生ビールがほとんど。「ラガー」と謳ってるの以外はね。ろ過技術や流通の発達で新鮮なのが、業務用の樽だけでなくてどれにでも詰められるようになったわけね。ビールも日本酒も「火入れ」がいらなくなったということで、どっちも造りたてが呑める幸せな時代ですな。

つい昔からのイメージがあってさ、やっぱりビアホールのがほんとの生で、缶ビールや瓶ビールとは違うーって思っちゃう。これまた認識変えないとね。ただし、メーカーさんのＨＰについちゃ改良の余地ありですな。「お客様相談室」なんて、目立たないよーに後ろの項目だし、子会社や直営店以外のお店の情報の少なくて遅いこと、「〇ベログ」なんかに任せちゃダメだよー。素人の感想と採点じゃ伝わらないことを載せなきゃ。目利きのきっちりした批評こそ、さ。

燗酒と似てるなと思うんだけど、新鮮さが命のビール、だから上手い注ぎ方で完成させる、というのが徹底してきてるんだね。缶や瓶と同じ中身なんだったら、旨く注いでくれるとこで呑もう、あるいはのどが渇いてんだからとりあえずキンキンがほしい、の選択アリってことだ。お燗の上手な店で日本酒が呑みたいときも、カップ酒で乾杯したいときも人生にゃあるしね。その結果、オレらの知ってる昔風の泡すじになるところもあるし、必ずしもそうでないところもあるけれど、ビールに神経つかう店がどーんと増えた。これは事実だ。

それと近頃、国産地ビールもこれまたすごい多品種盛り。びっくりするくらいあるでしょ。それから世界を旅してきた若夫婦が、惚れ込んだビールを出したくてお店をはじめました、なんて聞くようになったでしょ。ビールも料理も多国籍のビアバーね。

さらにクラフトビールのブームだしね。

要するにグローバルに地ビールが楽しめるんだな。近所にオープンしたりすると嬉しいものね。給水所がひとつ増えた、てなもんだ。

というわけで、自由研究の結論は、そんなにオールドスタイルにこだわらずに（自分のことね）せっかくの百花繚乱なんだから、いろんなビールをたのしめばいいんじゃーないの、と納得した次第。アタマでなくって舌でね。はい、反省、反省、また反省。

で、だな。それでも昔ながらのビール注ぎのいる店で呑みたいときは、出張っていけばいいわけだ。八重洲「灘コロ」を受け継ぐ、新橋の「ビアライゼ'98」あたりにね。あっしにとっちゃここは、神楽坂の「伊勢藤」と同じくらい気合い入れて呑む店です。広いホールだから伊勢藤の真反対に客がうるさいけどね。わはは。

もちろん、似てるところもある。

わざわざ手間のかかる古い道具立てを大事にしてさ、いまどきかち氷でゆっくり冷やしたサーバーからこれまた丁寧に丁寧に注いでくれる。保守派ビール党の牙城。いそいそっと。

そんでね、此処への道々ハタと気づいたのです。この新橋界隈ってビールの巡礼地なんだ、ってね。

そもそも幕末から明治、横浜―新橋間てのが鉄道のはじまりでしょ。その頃横浜じゃ、もうビールが造られていて、新橋駅近くの金沢三右衛門ビール店におろしてた。駅舎内で蕎麦のポンヌッフみたいに、待合室で洋酒を売ってたらしいよ。

当時の洋酒の代名詞は、ビールだからね。車内や食堂車でも販売されてたといいます。つまり新橋は、日本でもビール販売の嚆矢ってことになるよねぇ。

そう思って見渡せば、なるほど各社を代表する店舗がコンパクトに出張ってる場所でないの。そしてこの国じゃサラリーマンと云えば新橋、新橋といえば酔っ払い、なんだから、そりゃービールメーカーも力こぶが入るってもんだ。

ということで、夏休み最後の本日はいざ巡礼へ。

新井師匠の弟子、松尾氏の「ビアライゼ'98」は、前は同じ新橋でもけっこう遠かった。どうしても手前の銀座で引っかかっちゃって。へへ。でも今度は駅から三分とかからない。

ＳＬ広場の後ろの新橋仲通りを真っすぐ。すぐ赤レンガ通り。それを越してすぐ右手のビルの一階。

　再々会って感じかな。酒ヤケみたいに鼻がちょいと赤いのが相変わらず。ぴしっと泡リングの付くグラスを重ねながら、

「客に平気で説教してましたね」

「そうそう。客も怒んないで聞いてた」

「オレら客にとっても師匠だったよね」

　なんて新井さんの思い出を交わしたあと、多重多層の時代だねって話になったけど、松尾氏の行き先はすこぶる明解。歴史があっての革新、進歩するにはゆるぎない伝統がいる。彼には師匠に教わった伝統がある。で、最後のセリフが、

「ジッチャンの名にかけて！」ときたもんだ。

　オールドスタイルの生ビール屋、きっちり守っていきます、って、泣かせるじゃーないの。

　此処は毎日四時から空いてます。土曜も隔週だけど二時から。混みすぎだとか、サービスがいまいち、なんて素人ブログを信じてるアナタ、早い時間に来てごらんよぉ。松尾氏とゆっくり話もできるし、留学生のバイト嬢だってすぐに顔をおぼえてにっこりしてくれる店。呑み助ならここぞという店を見つけたらもっと贔屓にしてほしいよ、会社の一日く

らい休んでさー。なんてな。

さーて、つぎの巡礼地はビアライゼのすぐ手前にある「キリンシティ」。さぁて、ここのご自慢の必殺・三度注ぎ、どーよ。HPだとたしかにこの通りにすれば缶ビールも旨くなりそうなんですが、そんなカンタンなわけない。どこがコツかじっくり観察。店員さん、親切にご教示くださった。

それからちょいと戻るけど、忘れちゃいけないのが蕎麦屋の「ポンヌッフ」のはす向かいの外堀通り、トラディショナル派の「銀座ライオン新橋店」だろー。銀座の五丁目店、七丁目店よりこじんまりしてて、ひとりでも入りやすいのがいい。

あのね、ワタシゃ筋金入りの独酌派。ご案内の店は一人席のあるところばかりだからどーぞご安心を。

それに、ライオン七丁目店は白鶴だけだけど、此処は日本酒が四種類ある。さすがオヤジの聖地。ついでだけど、銀座、上野、浅草といった盛り場のビアホールには日本酒がおいてあるものです。

いまどきのひとはなんでや、と思うらしいけど、かつてはお酒といえば日本酒のことだった。で、ハイカラなビアホールでも熱燗派がけっこういらした、という名残りでありますな。銀座のバーも少し前は、日本酒&お燗器がちゃんとあったのよ。そんな銀座紳士の通う古き佳きバー時代は遠くなりましたがね。

それから赤レンガ通りには、サントリーの「ヴィクトリアパブ　ザ・ローズ&クラウン」。ここは女性客、がっちりつかむでしょうね。料理も内装も思いっ切りハッタリが効いてます。はは。いい意味でね。

うん、モルツはじめ五種類の生とオリジナルエールもある。さらに、向かいには「IRISH TIMES」というアイリッシュパブ。おぉ、通りをはさんでイングランドVSアイルランド紛争……てこともなさそうです。

こちらはかなり本格派の造りだけど、ひと目気にしないでゆったり呑めますから、二、三軒めにお勧め。定番のギネスもキルケニーのほかに、ギネスとエビスのハーフ、アイリッシュ・ホライズンをお試しあれ。

そして界隈で新進気鋭の「DRY DOCK」。第一京浜際、つまり新橋駅のいっとう南端の高架下にある。

扉を開けてすぐ階段てとこが、新橋の十仁病院裏のかつての「トニーズバー」に似てる。狭い船底に降りてくような秘密めいた感覚がね。

若いスタッフの感じがいいです。ビアライゼの〝松尾注ぎ〟に対抗して、店長自ら〝ボクのは佐藤注ぎです〟って云ってた。はは。その意気やよし、だねぇ。この店はプレミア瓶ビールもいいけど、なんといってもアサヒのラインナップをベストの状態で呑ませてくれます。つまみと一品料理もいけます。

ほかにも、ドイツビアハウス「アルテリーベ」とか、わいわい系のドイツ酒場もある。あ、さすがこういう店は友人とね。独特のアットホームさ。

ドイツの生といえばレーベンブロイやエルディンガーヴァイスビア。ほかにゲーテの愛したケストリッツァーなんてどう。金筋の入ったブーツ型のグラスが懐かしい……と、これだけ回ればいまのビールの隆盛って、よーく分かるはず。そんで自分の好きな銘柄、注ぎ方、呑みのスタイルもできるってもんだぁー。ハッピーアワーの早い時間はおトクだし、総じて料理もレベルが高いし、ビール以外の呑みものも揃ってる。

横丁や路地のそこかしこにビール注ぎ名人のいる食べもの屋が密集してる新橋、東京いちばんのビール巡礼地として推奨申し上げます。

えっ？　ビールの季節は終わった？　なーに云ってんのよ、これからでしょ。

秋だよ、麦の収穫だよ、ハーベストだよ。

お祝い、お祝い。収穫祭。ははは。

ね、明日の夕暮れあたりから、どうよ、

ビール天國・ポンヌッフで昇天の巻……ってのは。

（二〇〇八年秋）

［二〇二三年追記］

儲かりそうな業態だからと、乱立してた当時流行りのビアバーはもうとっくに店仕舞い、泡と消えたぜ。なんてな。

他人と同じレベルでひと旗挙げようって料簡ははなからアウトです。そんななかで、銀座 数寄屋通りの「ピルゼンアレイ」が気を吐いてます。ここはあの伝説の、ビアライゼの「松尾注ぎ」と「DRY DOCK」出身の「佐藤注ぎ」が呑めるスタンドバー。ビアテンダーのサトケンちゃん、お稼ぎなさーい。

銀座バー・フライ

バー通いをはじめたばかりの頃、二、三度のぞいた程度の老舗バーの親父さんに、正月の銀座で出くわしたことがあった。

ちょいの挨拶だけの仕事始めを終え、「さて、初銀座だぁ」と浮かれて晴海通りを竹葉亭あたりを目指してぶらぶら。そろそろ日が傾きかけていた時分。近藤書店の手前で、向こうから来た銀座紳士がこちらを見てすっと足を止めた。

キャメル色のバーバリーコートにお揃いのソフト帽、真っ赤なカシミヤのマフラー。きまってたねぇ。ソフト帽を右手で取るとゆっくりと胸に当て、「本年もよろしく」と会釈してくれるではないか。銀座一年生のわたしにである……まぶしくて嬉しかった。

その元老舗バーの話。

元、というのは、この親父さんが亡くなり弟子がその店を継いだのだけれど名前を変えてしまったので、かつての名店であることを知らない客には、その弟子の店でしかないいからだ。

それでも、若きバー・フライたちが表通りの看板に目を留め、いかにも
「よし、今夜はここ当たってみるか」

と、入って来た様子に出くわすことがある。

S字を描くように階段を降り、気合いを入れて扉を押す。

するともうひとつの扉。二重のドアのなかに挟まれ一瞬とまどう。

なかの様子はまだ見えない……一見の客を当てにしない店。

最初の扉の音で自分の存在は告げてしまっている……今宵のバー修行、最初のハイライトの瞬間。

えい、ままよと次の扉を押す。

とたん、「いらっしゃいませ」と張りのある声で迎えられる。

「おひとりさまですか。こちらへどうぞ」

期待と不安半々ずつだったのが、ほっとした顔に。

約束したように、ここでみんな一様に表情が変わるのが可笑しい。

第一関門突破。

どっしりしたカウンターと真鍮バーのカーブ。きっちり磨かれたグラス。見上げた天井

の飴色になった三枚羽ファン……「当たりだ」

ようこそ、銀座オールドバーへ。


銀座でサントリーを相手にしないで商売している店がある。

お馴染みスコッチの「バランタイン」の輸入元が明治屋からサントリーに変わったときに、帝国ホテルで大々的に発表会をした。まだ佐治さんでなく鳥井さんの頃だ。

当然、銀座の名うての飲食店関係者がみんな集まった。というかこぞって招待された。これからはウチのこの主力商品をご贔屓に、というわけだ。

さてパーティ後のある日、あるバー店主がサントリーの営業マンと道ですれ違った。このオーナー、人格柔和指導力抜群でしたから、当時のバーマンたちから「銀座の親父」と呼ばれて親しまれ、顔役であった。

当然にこやかに営業マンの挨拶に応えたと思っていただきたい。

すると営業マン氏、

「先日はお見えになりませんでしたねぇ」

「え、なんのことだい」

さぁ、この日の開店前。いつもよりずっと早く店に出るなりこの店主、新米バーテンに

「おい、サントリーのもん、全部捨てちまえ!」

もちろん新米くんは口がポカン。

そりゃ、いきなりボトルを流せと云われても、商売ものを捨てるなんてとっさにはできない。ためらうのがフツー。が、親分は彼の目の前でボトルをひったくって、流しにドボドボッと。まぁ、捨てるわ捨てるわ、あっという間に、さよなら天下のサントリーってなもんだ。

なーに、向こうさまは、ミスで招待状が届かなかっただけと謝ってきたらしいけれど、銀座の親父にそりゃないだろう。料飲会社の営業マンたるもの毎日担当地区に通っているもの。ついでに寄って「今度の、よろしくどうぞ」と云えばいいだけじゃないかい。大事な相手にはひと言でいいから直接頼んどくってのが、営業の要諦でしょ。これがケチのつきはじめ。

お次は、この親父の秘蔵っ子が銀座で新しいバーの店長に迎えられたとき。大通りに面していて英国調のホテル・バーを思わせるなかなかの本格。当然ながら親父直伝のきちんとしたカクテルが売り。人づてだけれど、「マティーニキング」なるブログには「この店のマティーニが私の世界一」とまで書かれたらしい。

なのに、その頃「カクテル・バー」なる缶入りカクテルをはじめたサントリーの営業マ

ンは、開店の挨拶に来てくれたのだと思ったら
「で、新製品の缶入りカクテルはどのくらい入れていただけますか」

と来たもんだ。

銀座正統バーの冷蔵庫に、缶入りカクテルを本気で納品するつもりだったらしい。このすっとこどっこい。

三度め。

このバーが成功。で、ここの女性オーナーがヤナセのそばに二軒目を出したとき、この秘蔵っ子、バーだけでなく店舗のプランも任された。

料理も酒も充実させたダイニング・バーの趣きで、若いカップルや女性客も多い賑やかな店となった。若くて腕のいいシェフも見つかって、それは張り切ってたねぇ。親父さん健在の頃だから、小腹ふさぎや、カウンター席が空くまでのいっときしのぎに、親父の店とこの店とよく行き来したものです。

愉し浮かれし銀座の宵と来たもんだ、これまた。

さてここのオープン初日。当然、スタッフだれもがいっそがしいさなか。例によって、やって来ましたサントリーさん。カウンターと酒棚を一瞥するなり、チーフの腕をつまんでおもてに出ろ、のしぐさ。

ふざけるなよぉー、と思いつつも外に出てみれば、

「約束が違う、あのギネスのサーバー撤去してよ」

だと。

約束とは、事前にかわした他社さんとの仕入れ品の比率の按配のこと。

しかしじつはサントリーに気をつかって、ワインもビールも約束以上の品揃えにしたそうな。にもかかわらず、カウンターの「ギネス」のサーバーが気に入らないと来たもんだ。

なーに、「ギネス」を置いたってさ、どーぞ主力にしたってくださいと営業マンのあんたに頼み込まれて、仰せの通りにドンと鎮座させた「カールスバーグの生」を、どれだけおびやかすってのさ。そんなもん、素人だって分かりそうなもんじゃねーかい。大サントリーさん、○○の穴ちいさすぎないか。

というわけで、一度あることは二度三度……それはキレますわな。

こうして敬愛する銀座の親父の「なーにがサントリーじゃ」という心意気は弟子たちに、しかと伝播することと相成った。

以来二十年が経つ。くだんの秘蔵っ子は独立。彼の店は銀座八丁目にある。

このバーにサントリーものはいっさい見あたらない。

ウイスキーもワインもビールもリキュールもスピリッツも……これは凄い。

バー・フライ諸氏、カクテル好きならずとも「?!」が浮かびますわな。

だって、カンパリは、カルアは、サザンコンフォートは、シャルトリューズはどうすんだ、え、みんなサントリーだぞ……ま、「竹鶴」があれば「山崎」なんておよびでないよという先輩方だって、どうしたってサントリーが扱っているものなくして、バーなんて成り立たない。そう思うでしょ。

でもご安心を。

それはそれは別立ての、カンパリより美味いビターを、カルアより美味いコーヒーリキュールをちゃんと供してくれますから。

もちろんわたしは、別段サントリーに恨みはない。

サントリーでもキリンでもニッカでも、お代を払った呑み手がお好きなら、それでいいでないの、と思うくちだ。けれど、サントリーにエンガチョしてさ、この商売でしかも銀座で店を張ってくってことが、どれだけ勇気のいることか。そして、サントリーものがなくたって一流の商売ができることを、彼は見事にこの街で証明してみせた。

ある晩、何気なく穏やかに告白してくれたのだけれど、それはたいていの苦労じゃなかったはずだ。それから開店記念日にここは呑み放題。お足はいただかない。これも親父ゆずりの伝統である。

そんな銀座らしいバー「F」を、私は贔屓にさせてもらっている。


贔屓の店はどこで決まるか。

ごく控えめに云うべきだけれどバーでも料理屋でも、わたしの場合はただひとつ。

オレはここで商売を張ってる、という心意気が伝わってくるかどうか。

仲間うちで「あすこは最近張ってるねー」という会話が成り立つかどうか。

一家言諸氏が、いい店ってのは「店先の掃除が行き届いていることだ」とか、「最後の客のあしらい方で分かる」とかおっしゃるけれど、つまりは亭主の気の張りようが、そこに表れる、ということ。

心意気。

これにつきる。

バブルがはじけて夜の賑わいもずいぶんと減って久しいけれど、一時期に比べると、銀座界隈のバーが活気をとり戻してきたようにもみえる。「セント・サワイオリオンズ」のミスターバーテンダーこと澤井氏や「蘭」の田中氏はじめ、銀座の名店一代目たちが亡くなられたり引退されたりするのと対照に、六本木、新宿あたりからの進出組が増えたせいだろうか。ずいぶんと派手に呼び込みをしたりして懸命な様子だけれど、千客万来とはいかないようだ。

こわっぱのやってる店なんて、銀座らしくないからね。

（二〇〇七年春）

［二〇二三年追記］

賑やかなりし銀座の繁盛店の当時を彷彿とさせます……

「舶来居酒屋／いそむら　銀座西8－3鳥山ビル一階

マスターの略歴　マスターの名は磯村信元。東京都の生まれ。「人間生きてゆく上に衣食住は欠かせない。特に食は不可決であるため、この職業を選んだ」という。独立して現在の店を開いたのが昭和29年。おおらかな人柄、御本人は「生来の呑気もの」と仰言る。趣味は釣、ゴルフ。バーテンダーとしての腕はJBA等級認定で『特級』の折紙をつけられた。いわば名人の域に達した数少ない人物の一人。

客筋、店の特徴　政界、財界、芸能界、会社関係の人たちと、客の層は頗る広い。〝洋風の居酒屋〟と銘うってもバーには変りないが、バーでありながら客に出す『つまみ物』のために、わざわざコックを使っているのも、客に喜ばれたいという願いから。スコットランド・パブ風のムード、安くて、うまいこの店の特徴が、多くの客に愛されているのも当然だとうなずける。10年一日の如く誠実なマネージャー、超ベテランのマスターが養成した真面目なバーテンたち、やはり〝いそむら〟に欠かせない人たちばかりだ。

〝いそむら〟の女性たち　この店の女性は8名。いずれも誠実で客の身になつてサービスする人たちばかり（全部が固定給）——」

（『'65夜の銀座案内　たのしく飲めるバー、クラブ』佐藤仁彦　百人社　1965年）


この赤チョッキの親父が亡くなった後、「いそむら」は復活したんだ。銀座の仲間うちがオーナーだ。間違いなく大人のバーである。元「いそむら」を継いだこの店は「1954」。いそむらの創業年昭和二十九年を店名に冠した。「F」は「フランジェリコ」、二〇〇七年に博品館裏のビル地下に移転。どちらも健在。

今宵はマティーニ

「今日はマティーニで行こう」という日がある。

時間に余裕があって、銀座の近くで仕事が終わったとか、明日はゆっくりできるとか、嬉しい気分のままカウンターについたときね。

「マティーニください」と頼む少し高揚してる自分が分かる。

マティーニ探偵とかマティーニホリックでもないわたしの好きなマティーニは、ごくフツー。めちゃくちゃドライでもないし、指定のジンもない。「あの店のあのマティーニが呑みたい」だけ。

好きなバーの好きなバーテンダーの好きなマティーニ。

で、ホテルのバーの話。

外資系ホテルの都心進出がつづいて、レストランやラウンジの豪華さが話題だったりするけど、個人的には行きつけにはならんな、と思う。東京の西っかたや南っかたはテリトリーが違うんで、たまのおのぼりさんでおしまいになっちゃうし、それに問題はそのホテルのバーね。いやぁ、行ってみて驚いた。

ホテルに何しに行くって、ひとと待ち合わせもあるけど、呑みに行くんだよね、やっぱりさ。昼下がり、のーんびりとホテルのなかをひと回りして、のどが渇いてきたなぁ、と期待しながらメイン・バーに入ったさ。そしたらね、グラスがね、みんなデカイのよー。マティーニグラスの大きいこと。どんぶりじゃないっての。

東京會舘、パレスホテルでつくってくれるマティーニのあのグラスね。あのサイズがいい。お代りしたいもの。うん、でもこっちの体調が良いときで、うんと美味しいマティーニが呑めると分かってるなら90㎖のグラスもOKだけどね。そう、湯島の「琥珀」とかでならね。

それが150㎖が当たり前、さらにワンサイズ上もツーサイズ上もありという、アメリカンスタイルというのかな、デカすぎるんだなぁ。

流行りの輸出元、想像つくでしょ。シアトルあたりにありそうな、海辺の夜景が売りのラウンジバー。二十代~四十代のシングルたちが集まる店ね。四、五年もいるとベテランバーテンダーっていわれるお国柄。それでチョコレートやカルバドスやアップルジュースまでつかったマティーニ(?)を、このどデカグラスで呑む。その流儀のまんまのホテルバーときたもんだ。

舶来の流行りものをなんでも日本人は受け入れるはず、というのはさすがにもう古くないか……少なくともマティーニのあとギムレットもサイドカーもたのしみたい自分には馴染まないな、と思うわけ。はは。

その意味じゃ、本家がこんなミクスチャーやスピンオフ（？）に走っちゃったのに、日本のバーマンたちは生真面目に、マティーニの味を追求してきたと思うよねぇ。ほとんど戦後からの歴史しかないのにさ、クラシック・バーの水準はすごく高いと思う。

ただし、さすがにそろそろ変わりどきっていう気もする。

口はばったい云い方をしてしまうけれど、ぬくぬくした空間すぎるね。緊張感が足りないというのかな。常連さんとの会話にしてももう少し気を張ってた気がするね。八〇年代まではね。

云いだしたらきりないからやめとくけど、ひとつだけ。

いわゆる日本のバー・スタイルと極上のマティーニを完成させた先人たちの伝統はもちろんきっちり守っていてほしいけれど、オールドホテルさんよ、ボトルの品揃えが古すぎます。ここは街場のバーを見習うべきだと思う。ひと昔前のリキュールとメーカーのいいなりの国産ウイスキーだけしか目に入らない棚を見ながらいただくのは、そろそろツライです。といってもスイカのリキュールやチョコレートつかったマティーニなんていらないと思いますが、伝統の味に、次の入門世代が興味をもつ棚やしつらえで供してほしい、と思う。

美味しいマティーニの反対に、いちばん不味いマティーニの記憶はというと、これがストックホルム。

アメリカの中流ビジネスマンが泊まりそうなホテル。チラと予感はした。

夕暮れ時。明日の取材のブリーフィングを軽く終え一杯やりに降りていくと、もう大変。メインバーがうるさいこと、うるさいこと。セールス見本を鞄に詰めて世界を廻る彼らに占拠されていた。皆、なかなか注文のものが届かないので余計に落ち着かない雰囲気。しゃーない一気に呑んで早く寝よう、とカウンターでマティーニを頼んだ。で、やっぱりこっちも待てど暮らせど来ない。いい加減じれたところでようやく来ました。でももう気は失せてた。なぜって目の前で「マティーニ」って書いてある瓶から注いだだけなんだよ、これが。

仕事の遅いのはま、早い時間からセールスマン軍団に押しかけられての馴れない接客とあきらめるけど、このマティーニはなぁ。

仕方なく口をつけましたがやっぱりダメ。あらかじめミックスされて瓶詰めのしかもぬる－いマティーニ。勘弁してくれよぉー。しかもこのボトル入りインスタントカクテル、なんとアメリカ製なのよ。大雑把なアメリカ人相手ならこれでいいさ、ということかもしれないけれど、ボトル自体がMADE IN U.S.A.てのが、もう笑うしかなかったね……ベスタセソング（ベストシーズン）てわけでわざわざ六月のスウェーデン行だったのに……これ以外はね、グレタ・ガルボが働いてた店とか、街中のレストランやバーはとても良かっただけに、まことに残念な一杯でありました。

大体、マティーニがいつ誰の手で発明されたっていう伝説・諸説は色々あって、一八四〇年から一八七〇年にかけてのお話らしく、それはまぁ入り乱れているんだけど、マティーニがカクテル・ブックに晴れてお目見えするのが一八八八年だよ。で、一八九四年にはもう、ヒューブライン社が瓶詰めマティーニを販売してるからね。

マティーニって、要するにアメリカが新興産業国として世界に打って出てそのパワーとリッチさのシンボルとして完成されてったカクテルだよね。

はじめは甘くて冷えてないカクテルだったとか、ゴールドラッシュ、製氷機の発明、婦人参政権とかがマティーニに大いに貢献したとか、ネタは数え切れないほどあるんだろうけれど、ならなんでもっと、自分たちのつくった数少ない文化を大事にしないんだろうね。

ドイツなんて、ほかのＥＣからの圧力でビール法をなくして輸入を促進させたけど、自国のビールはいままで通り、麦とホップと水だけでつくりつづけるって宣言したんだよ。どーよ。

ジャズにアメ車にハリウッド映画、そしてマティーニ。これだけでしょ。アメリカが世界を虜にしたものってさ。おまけでアメリカンエンターテインメントと云ってあげてもいいけどね。もひとつおまけで、アメリカの良さをひと言でと云われたら、私は、「ゴージャス」と答えることにしてます。ミュージカルや芝居といったショービジネス、近代的なホテル&バースタイルとか、それはつまりゴージャスさが身上だよね。それを忘れちゃ困るんだなぁ、アメリカは。

このストックホルムのビジネスホテルに、「これはアメリカ人好みの瓶詰めマティーニですぜ」と売り込んだアメリカンセールスマンの顔見てみたいもんだね。はは。

にしてもイギリスじゃ、ジンはあまりにも労働者階級をアル中にし、からだをボロボロにしちまったわけで、えらく悪いイメージが出来上がってたはず。それを禁酒法時代のアメリカじゃ、インテレクチュアルとジンをかけた「ジンテレクチュアル」という言葉があったくらい、マティーニを呑むのは知識人や金持ちという、真逆のイメージをつくっちまった。

映画のなかでヒロインやヒーローに、どんどんマティーニ呑ませたりしてたね。このへんはさすがアメリカ……らしいのかな。マティーニは、そうやってパワー・カクテルの王様に仕立てられていったのね。

え？　どうやってマティーニの美味い店を探すか。

うーん、ホテルのバーも街場のバーも、結局は人脈だからさ、たぐると何本かの筋しかない。美味いマティーニに出会ったら、師匠の店か兄弟子の店を紹介してもらう。そうやって行きつけにさせてもらった店ばかり。つまるところは作り手、だよね。街場のバーにも孤高の素晴らしいバーマンがいらっしゃるしね。それでときおり、「マティーニの定義ってなに」、「カクテルの王様たる所以は」なんて、カウンター越しに教えてもらったり、議論したりする。

「マティーニは完成しないカクテル」

「マティーニの最後の一滴は客が注ぐもの」

「自分をみつめ慰撫する究極のカクテル」……などなど。これもバーのたのしみでありますな。でもねぇ、あんまし生真面目すぎてもね。

そういえばね、あの矢沢の永ちゃんが糸井重里と対談してて、

「オレは、もう、金持ちになりたかった」

というセリフがあって、
なんで？　の答えがよかった。

「夕方は四時の、ドライマティーニ呑みたかったもん」

「いや、ほんとに美味いんだ、これ、試して。ホテルのバー、夕方四時半くらい。まだ明るいんだよね。ホテルのバーだと開いてるのいくらでもあるから、ドライマティーニ、ビーフィーターでつくってって云って、クッていくわけよ……飛ぶよ」

「クッと呑んで、ドーンと行って、それ呑んでね、オレがんばろうって思っちゃうんだ。仕事またがんばろうって思うんだよ」

……これぞパワー・カクテル。

マティーニはうんちくで呑むようなめんどくさいカクテルじゃーないよ。

（二〇〇八年冬）

［二〇二三年追記］

ストックホルムでのアメリカ製瓶詰マティーニはいまだ忘れられない思い出ですが、日本でも瓶詰マティーニの時代があったとか。

戦後の進駐軍の時代、東京會舘や山王ホテルといったアメリカ兵相手のバーでは、ジンの瓶に直接ヴェルモットを入れて冷やしてつくり置きし、供するときにもう一度ミキシング・グラスのなかで氷にくぐらせてグラスに注いだんだとか。昼のオープン時になるとどっと殺到する、彼らのための苦肉の策だったらしいけど、つくり置きでもOKという、アメリカ人の大雑把な性格は変わっていないね。どうやら。これ、敬愛する故・枝川公一さんの『日本マティーニ伝説　トップ・バーテンダー今井清の技』(小学館文庫　二〇〇一年)の受け売り。この本でもうひとつわたしが目からウロコだったのは、ミスター・マティーニこと今井清氏のシェイク・スタイルのヒントが、じつは職場の東京會舘の進駐軍パーティでの演奏にあったことだ。

戦後はラテン系のナンバーが大流行。で、いっぱしの色男ならマンボやルンバやジルバでカッコよく踊れないとモテなかった時代なのね。で、フルバンドにはコンガ、ボンゴ、マラカスなどパーカッション隊が付きものだった。とくにマラカスは、両手でクロスしたり、八の字や十字を切ったり自在に操ってリズムを作り出すだけでなくて。見栄えよく派手なステージングしなくちゃいけない花形スターなわけ。そんなマラカス奏者の動きをみて、「これだ」と彼は思ったんだろうね。余談もいいとこだけどパーカッションが趣味のワタシ。これ、よーく分かる。マラカスって結構難しいの。中に入ってる砂粒をまとめてキレよくリズムを刻めるようになるまでが大変。うんと練習が必要です——従来の前後にタテに振るだけのシェイクでなく、ヨコ振りを軸にした複雑な、あの今井スタイルを完成させるのには、大変な努力があったんだな。

スウィングしなけりゃ銀座じゃない

はじめのひと口……今日はどの街のどの店にしようか——この齢んなると一日のうちで、これ考えるのがいちばん悩ましいんであります。なに気取ってんの、なんて声が聞こえてきそうだけど、でも酒徒たるものマジメな問題なんだな。

さーて、ささやかな銀座物語をする前に、あなたはどっち派？　という話。

銀座にもかつてはあちこちの盛り場と同様に、講釈や落語の寄席がいくつもありました。かつてといっても明治の終わりから大正の頃。へぇーてなもんですが、なかでも銀座で最後まで残っていたのが「金沢亭」。いまの東銀座一丁目ですか。いわゆるいろものの席亭で、ステテコの円遊（三代目）とか、釜掘りの談志（四代目）とか、当時のアチャラカ芸人たちがよくならしてたそうな。

その当時、この昼席に、のちの三遊亭円馬（三代目）と、柳家小せん（三代目）という二人の駆け出しの噺家が出てた。しかもこの若き日の円馬と小せん、金沢亭の昼席をまる一年ぶっつづけときたもんだ。前座、二つめといったほんとに駆け出しの二人が、です。ご存知、高見順編の『銀座』のなかのあんつるさん（安藤鶴夫）の昔話。

――小せんは毎日毎日、雨が降っても風が吹いても、たった一つの〝道灌《どうかん》〟という落語ばかりをやっていた。一年、三百六十五回である。

その反対に円馬の方は毎日毎日全然違った演題をやっていた。一年、三百六十五の落語を演じたのである。

あとで二人とも大家になってからの述懐だが、円馬は小せんをひどく褒めたそうだ。やれといわれても、一年の間、春夏秋冬、おなじ落語を毎日毎日しゃべられるものではないというのである。

小せんの、一つの噺をがっちりとかためたその芸に対する態度を褒めたのである。芸の勉強の仕方はそうあるべきだというのである。

一方、小せんは小せんで、その時のことを思い出しては、円馬はたいしたものだったと、これも口を極めて褒めたそうだ。

まだ若い落語家が、たとえ師匠に面と向って稽古をしない聞き覚えの落語にもせよ、三百六十五日、一日としておなじ落語を喋らなかったというのは驚くべきものだというのである。

芸を勉強するものの、まるで違った二つのいき方である。

ぼくは、この話が、いまはもう跡方もない銀座の寄席から生れたことに、非常な興味を覚える――。

はい。というわけで、いい話だなーなんて感心してる場合じゃーない。えっ？　じゃないよぉ、だってさ、若いときって、まだ己のスタイルが定まってないから右往左往するわけでしょ。型を摑みたいってのはあるけど、どうしたら身に付くか分からないから悩むわけだよね。なんか若くして悟ってらぁーみたいな。はは、引いといてけなしてどーすんだ、なんてな。

えーっと、たしかに修行中から一本道を見つけてた二人はえらいんだけど、芸事も呑んだくれの修行も似たようなもんだろ。噺家にサケはつきもんだし、己の人生のスタイルという意味じゃおんなしようなもんだ。

つまり、呑んだくれにも二つあってね。決めたとこっきゃ行かないタイプと、いっつもふらふら河岸を変えるタイプとさ。ね、周りに両方いるでしょ。と、こういきたかったのね。回りくどくてごめんなさいよ。

それで自分のこと。まさに円馬タイプの人間でございまして。

若気の至り、じつに莫迦なことを考えた時期がございましてな。銀座の一丁目から八丁目まで、ひとつずつ行きつけのバーを持ちたい、なんてね。

はい、お察しの通り、これがなかなかうまくいかなかったんでございます。だって一丁目、二丁目、三丁目にはもともとバーはとても少なかった。が、なんせ銀座一年生なものですから、怖いもの知らず。無知とも云いますな。

本格的バーというものは、京橋方面から晴海通りを越えて新橋寄り、それも六丁目から八丁目に集中してるなんぞあとから知った。結論を先に申しますと、銀座のけものみちを毎度バッタみたいに移動してるだけ。バーフライってハエなんだから、軽やかに飛び回るはずだったのに、お恥ずかしい次第の幾星霜。夜な夜な、ひとりローラー作戦。インターネットなんてまだない。情報雑誌なんてのも苦手な性分。で、特攻隊がゆくーでありました。で、撃沈した話をひとつだけ。

コリドー街にあった銀座の名バー「クール」。その幕は降りたわけだけれど、あーたね、若造があの「クール」のカウンターに立って、古川さんのマティーニが来るまでどんだけ背中に緊張感が走ってたか。

間が持たないうえに、うしろには銀色のトレイ抱えたベテランお姉たちが、じっとこちらの様子を窺ってる。それもひとりじゃーないんだよ。こちとら正真正銘、銀座のぺぇぺぇだかんねぇ。

背中に視線を感じつつ両脇の常連さんの所作を気にしつつ、バーテンさんとも会話して……はは、カクテルの味がどーの以前の話。

だから銀座で、うしろ姿がぴんとしててグラスの上げ下げがさまになってる先輩たちを見かけるたびに、なんと尊敬の念が湧いたことか……男は背中が絵になってこそいっちょ前、なんてよく云うけどこれは、銀座のバーで生まれた言葉だよなー。

そのうち作戦をひとつだけ考えた。

銀座のバーマンはこんな青二才にも声をかけてくれるんだ、と分かった。でね、いい店に出会えたら、そこでほかの店を紹介してもらう。

さぁてこれで良かったのか悪かったのか、ともかくいちおう「いつもの店」が増えていったんですがね。あの初めてのバーの厚い扉を押すとき、いまも緊張しますよね。はは。でも、自分の失敗は数々あれど不思議とイヤな体験はほとんどない。まだ明治の終わりや大正の生まれが銀座の現役でいてくれた、最後の時代。もしかしたら銀座に寄席があったのを記憶していたモダンボーイたち。ひとえにあの先輩たちのおかげだと思う。

さーて、あの頃の銀座バーフライを再現してみますかね。さ、Kくん、今日はフルコースご同行願いますよ。お、嬉しそうだね。

その前に。ワタシは食べないと呑めないたちで、たいていは夕飯の当てをつくっておきます。まっとうな料理屋はとくに銀座じゃ、予約しないと八時すぎたら入れない。当たり前だよね。いい大人たちが「この店は夜中までやってていい」なんて云うことがあるんでびっくりする。

なわけないでしょ。朝っから河岸行って、出汁とって、仕込んで、店先清めたらもう開店、そこから気働きの連続。せいぜい頑張って十時が限界でしょ。口あけに入るか予約しないと旨い店でなんて食べられない。荷風さんみたいなどこでも顔パスの「高等遊民」じゃあるまいし。こちとら給料日にささやかな放蕩気分を味わう、せいぜいが中等遊民だかんね。

で、呑む時間や懐ろ具合を考えると、おでん屋、焼鳥屋、洋食屋さんがいいね。「武ちゃん」「鳥長」「鳥繁」「おぐ羅」「やす幸」「きく」「みやざわ」……銀座でほっとするのは、こんな店で年季入ったおじちゃん、おばちゃんがきびきび働いているからだと思うな。

マニュアルでないまち。

均一性に抵抗感のある御仁は、だから銀座が好きなんだな。これまた。

さーてまずは土橋の際、八丁目からスタート。裏手にコンビニが出来る前の、リクルートビルがぴっかぴっかぴっかの頃です。

角にあったお多幸の並び。「トニーズバー」でサッと一杯ひっかける。トニーさんオリジナルのバーボンカクテル〝アレゲニー〟がワタシのおしきせ。女人禁制（同伴可）で、店の端から端までの長ーいカウンターとバックバーのあのおびただしいボトルコレクション、これぞ由緒正しき銀座のスタンディング・バー。トニーさん亡きあと美しく気高き夫人が待っていてくれましたが、さすがに惜しくも閉店。残念無念。

数寄屋橋通り七丁目の「バー・トスティ」の三枝さんはここの出身。同じ頃京都の寺町「サンボア」の息子さんも一緒に修行してたっけ。独立してもうひと昔以上。「トスティ」は路面店で窓が開いてる。この安心感て大事だよね。常連さんをすぐ摑んで、もはや銀座のスタンダード店。ご挨拶にバーボン一杯ね。

「日比谷バーの次のバー」を探してる銀座新人たちにお勧めの店。

お次はたいていすぐ近くの老舗「いそむら」を覗いた。小腹も大腹も満たしてくれる料理が揃っていたからね。カツサンド、コンビーフサンドのそりゃ旨かったこと。このお土産で、何度家人が深夜帰宅を許してくれたことか。わはは。

この店の赤いチョッキがトレードマークのご主人、磯村信元氏こそ、銀座のバーマンにとって銀座の親父。あんときで全国に弟子が百人以上だよ、百人。でも、いつかも書いたけど此処はもう別の店に。ただし「いそむら」の開店年を冠した、「1954」というバーになったのだから、地つづきなんだな……銀座のきずな。

いそさんが混んでれば、「セント・サワイオリオンズ」へ。元祖ラウンジ・バー。料理が充実してる。澤井氏も残念ながら亡くなりましたが、店は健在。七丁目。

ここはねぇ、もちろん澤井氏のパーソナリティもカクテルの腕前も尊敬ものなんだけど、内装がすごいのね。カウンター席の何倍もラウンジ席が広くて、レトロで、ピアノの弾き語りもはいる店。まるで日活映画に出てきそうなんで、思わずさ、「小林旭が登場しそうだ」って云ったら、バーマンがフツーに真顔で「はい、お見えになります」だって。あはは。失礼しましたってなもんだった。石原慎太郎氏もご贔屓の店で、いつか末席でご同伴しましたっけ。ピアノの伴奏で披露してくれた「憧れのハワイ航路」、弟より歌がうまいくらいでしたな。

ここもいっぱいなら（なにせ独り客なものでカウンターが満席だと豪華革張り席に坐りづらいのねー。そして銀座の良さはどのまちよりも、独り客を大切にしてくれることです）、同じ数寄屋橋通りの「のぞみ」ね。ここもかつての良きモダン・バーの代表格。たしか五十年以上のはず。マスターと同じまちに住んでたんで、たまの昼間に慶應病院の裏手通りで出くわした。「どちらへ」「ええ、神宮にテニスに」「ワタシは泳ぎに」なんてご縁がありました。ここの、はじめにスープを出してくれる心配りが、独身には嬉しかった。近頃だと当たり前だけどね。ステーキも格別です。

はい、でまだ八時台。銀座はこれからだよーという時間。ここからはキマリなし。その日の気分ですね。「モンド・バー」か「一葉」か八丁目界隈に戻るかなーっと。銀座の宵は行きつ戻りつ、スウィングしなけりゃ愉しくなーい。ときたもんだ。わはは。

で、モンドに行くと、オーナーの長谷川さんはまーた居ないのね。「今夜もパトロール？」「はい」……これでカウンターの向こうとツーカーでにっこり。はは。それだけバーマンたちがしっかりしてるってこと。ここはねぇ、会員制って入り口にあるんで、いつもにまして恐る恐るだったのを覚えてます。ノックしたのは出来たての頃だからもう三十周年くらいなのかな。奥の広い店でね。ルーレット部屋があったり、ロッカーまであってご常連が着替えを置いてたり……銀座らしいおとなの遊び場。

ここで伝説の女性バーテンダーのリカさん（伝説というのは、彼女を男性と信じラブレターをくれた女性がいたという。そりゃオールバック&刈上げで凛々しかったんだけど……でもこれ自分でネタにしてたね）は、精進してじきに独立、富ケ谷に「リカバー」を持った。いい評判しか聞かないよ。

このまちには、外出好きのマスターっているんだよね、六丁目「リトル・スミス」の保志さんもそー。「リトル・スミス」を譲って、同じ六丁目の「バー保志」店主になってからはどーなんだろね。ちょっと出てくる、という感じ、なんだか銀座らしいなと思うよ。

保志さんは、たしか宇都宮の「パイプのけむり」出身の気鋭のバーマンだったけどいまや銀座の重鎮。グラスに★が浮かぶカクテル、忘れられませんな。

「一葉」の柳倉氏は、もちろん銀座の名バーマン。知らないひとはいません。ここもたくさんの弟子を育てて送り出してる。ここのカウンターで氏の話を聴いてるとしみじみ、銀座のバーだなぁと思います。お酒のなにを尋ねても答えが返ってくる。体調を崩されていたときがあったようだけれど、また元気な姿を見られるのが嬉しい。オーセンティックという言葉はどこかのメーカーの安売り文句みたいで使いたくないのだけれど、「一葉」はまさにそんな店。男たるもの、銀座のこの店の一杯を知らないと、もぐりですぜ。

そうそう、たまにかつての資生堂「ロオジエ」のバーで上田氏（いまやご存知、六丁目電通通りの「銀座テンダー」の主ね）の、カクテルの切れ味に拍手喝采したり。「マリア・エレナ」なんて女性客のためのオリジナルを横目で見て覚えたり、華やかな空間だったねー。

Kくん、そろそろもう一軒でしめようか。

えっまだ行くの？　って。

酒にはねぇ、「はじめのひと口」があるんだから「最後のひと口」も大事だろー。な。はは、意地汚いねー。はい、歩く歩く。

「機関車」や交詢社ビルにあった「サンスーシー」、六丁目の「ＴＡＲＵ」で、しめのワンショット。もちろんここらなら銀座のクラシック・マティーニでキマリ。小気味よいってこんな感じだよ。そうね「いそむら」に戻ることも多かった。荷物預けたり、傘借りたり、小腹ふさぎしたりえらいお世話になりました。酔眼で入っても、しーちゃんママが優しく柔和な笑顔で接してくれた。

今夜また戻るよ、というときは〝ジンバック〟を注文する。たまさか女性と一緒のときとか（めったにないけどね）、連れと別れてまた此処で呑み直したいときに、勘定あとで払いに戻るよ、という合図です。分かり易くてスマートに店を出られるでしょ。

近頃の銀座スウィングあとの帰還先は、博品館裏の八丁目、「フランジェリコ」。名店「ガスライト」と同じビル。ここはなにを隠そう「いそむら」直系の芦澤さんが七丁目から店を移してだいぶ経つ。このバックバーは面白いよー。これも以前書いたけど、この店にはサントリーの扱ってる酒がないんだ。それだけで分かるひとは驚く。バーを品定めするのに、なんといってもいちばんは、棚に並んでいる酒瓶ね。これを読めるようになるとまずはバーフライの上級ね。おやおや聞いてないのね？　さすがに呑み疲れかな。わーった。今夜はここまで。六軒めだしねぇ。水を一杯くださーい。

銀座のバーといってもいろいろなわけで、棚を眺めれば、カクテルをとくにメインにしているバー、カクテルとシングルモルトやリキュール類と半々のバー（これが一般的ですが）、主に水割りやハイボールなどがよく出るバー、などひと目で分かります。もちろん店構えや内装でたいていい判断はつくけどね。

「ルパン」や名物ママの「ジョンベッグ」、云わずと知れたアンティーク館「ボルドー」といったいわば銀座のランドマークバーは、一杯ですっと出て来れるところがいい。

「三笠会館5517」「モーリ・バー」「Y&Mバー・キスリング」なんかはもう入った瞬間に、おぉこれぞ銀座のバーと思えますものね。カクテルでもウイスキーでもぴんのサーヴィスをご堪能あれ。ぴんの店知らないと、二番煎じの店をぴんだと勘違いしちゃうからね。

でも最近のビルの上や地下にあるバーだと予想と違ったりする。よそのまちにもあるような銀座っぽくないインテリアなんで、店の指向が想像しにくいかな。いい予想はずれは歓迎なんですが、逆だと並んでいるボトルを見て、無難なものを一杯いただいて引き揚げることになりますね、はい。

最近は一丁目や三丁目にも続々とバーが出来ていて、銀座一丁目から八丁目まで、一丁目ごとに行きつけを持つという、かつての野望よもう一度とも思うんだけどまだダメかなとも思います。この一帯はバーの地層がすこーし浅いのね。女性バーテンの店や名のある老舗からの独立組もあって、それなりに常連さんがついているんだろうけど、銀座の顔になるにはしばらく熟成時間が必要じゃないのかなぁ。

ちょい生意気云わせていただく。

その、客がいまひとつなんだな。覚悟のある顔した大人や折り目正しい大人がすくないように見える。とくに京橋寄りにはね。

銀座がよそと違って別格なのは、自分の料簡が試されるからです。

客側に、最高の技術と笑顔に見合うだけの器量がないとせっかくの価値が分からないでしょ。カウンターのなかのバーマンに会いに行く、なにかしら特別な小祭りの期待。「自分の場がある」と思える幸せ。それを決まって用意してくれるんだもの、せめてジャケットに着替えていくとかね。そんな大人の客たちを、ずっと銀座は見守ってきたはず。そういうまちでしょ。

それが、額にサングラスのっけたままで女とベチャベチャ声高でしゃべりながら呑むなんて、銀座じゃーなかったのに。

それに銀座らしいバーって、自分がえらく若造に思えてしまうところだと思っていたけれど、いまは若造に見えるほうがいいらしいやね。なんだかなぁ。

多少の緊張感と、このまちに伝わってきた銀座らしさに敬意を表すること。これ基本です。

そうねぇ、かつての先輩たちは姿を消したのだからもう聞くわけにはいかない。自分にも多少は責任があるのだ、順番だと思って敢えて話したけど、寄り道がながくてすまん。

あれ。お前寝てんの？　これだものなぁ。はは。

はい、いいよー本日は解散。気をつけてねー。


それじゃ居残り佐平次で、もうちょいつづき。

もちろん銀座の凄いところは、頼む前から「どうしよう」と思わず胸ポケット（財布）の辺りを触ってしまうバーも平然と存在しますな（浅草「バーねも」や湯島「琥珀」を知ってても、です。はい）。ゴージャスの修行だね。

田中角栄の息子さん、京さんがやっていた「アールスコート」の、時代のついたボトルに半分ほどはいった六十年前のラムとか、六丁目気鋭の「バーＴＯＮＥ」の、世界で数本しか出回ってないウイスキーだとか、七丁目「ブルーラベル」のン億円のバックバーとか……見なきゃよかった、でも一杯おいくらかだけ聞こうか、なんて弱気もいいとこ。そりゃそうだよぉ。

で、カクテルの名門「絵里香」の二代目がやってる六丁目の「Ｋ２」のように、バックバーがカウンターの真ん中で二つに区切られていると分かり易い。たいてい片方がモルト系、片方がカクテル用のリキュール瓶がずらり。二度目からは、どちらか楽しみたいほうに坐ればいい。好きなボトルが近いとあれこれ会話もはずむもの。銀座の正統派とかいうフレーズが使われるのはこんな店が多いね。「あなたをお待ちしてました」と感じさせてくれるプロのバーマンたち。

……一日の終わりに最初のひと口をどこでやるか、のいちばん気分が昂揚する選択。それが銀座のまち。都会の幸福をかみしめる、という形容があるとすると、これは間違いなく銀座に出かけるときの気分に使いたい。

ひと口めをゆっくりと嚥下。ほんわりした感情というか感慨がふうっと湧いて、それが鼻腔から喉、からだ全体に、じんわり広がる。なんだろうなぁこれ、と思いつつ、懐かしくも幸福なこのとき。自分にとっての銀座なんだ、とひとりごちる。解放感……自分の「銀座」を重ねることは財産です。間違いなく。

いやいや、じつにどうも料簡の狭い、まさに小蝿ごときのバーフライの無駄口でありまして、長々と失礼。でももうひと言だけ。

その後のワタシはなんと、一軒の居酒屋に惚れこみましてな。自分の居場所はここだと思い定めたのでございます。

その店に懸想したわけで、毎日通うために近所に引越し、そうして馴染んだ歳月がようようふた昔ほど……円馬から小せんに鞍替えと相成りました次第で。

ええ、銀座にももちろん参りますので、正確に申せば円馬派と小せん派の中間なんでしょうが、母港のある安心感、というものをやっと手に入れたところであります。

さてさて、あなた様は、どちらのタイプでありましょう哉。

そして明日の晩あなたが選ぶひと口めは？

はい――どこかのバーできっと乾杯。

（二〇〇九年冬）

［二〇二三年追記］

「セント・サワイオリオンズ」は界隈のバー・レストランの中でも内装の重厚さが際立つ店ですが、この店が入っているニューギンザビル一号館も、これまた貴重な昭和クラシック建築。いまも建物に入ると独特の匂いがするし、トイレの真鍮ドアノブのまん丸加減とか、レトロファンにはきっと堪らんだろうなぁ。ホステス嬢御用達のヘアサロンが上階にあって、彼女らとエレベーターで相乗りする夕刻が、華やかな銀座の宵のはじまりでしたねぇ。

このビルの七階に、数年前あのハイボールの「ロックフィッシュ」が移ってきた。平日十五時から、土日は十四時から呑める。銀座のまちの宝もん。有難いねぇ。

トニーズバーのオリジナルカクテル「アレゲニー」は、アメリカとカナダをまたぐアパラチア山脈の南側のことだとか。かつてはこの山脈全体をさす言葉だったという説も。バーボンのカクテルだからテネシー州に近いからかな、とか、祖先の故郷をトニーさんが懐かしがったのかな、とか想像してた。なんでこの名前?と聞けば答えてくれただろうけれど、一杯であれこれ尋ねるのも野暮天かな、次回の話のつまみにとっておこう……なんてバー修行させてくれた一軒。若いバーマンたちが引き継いで営業していましたが現在は閉店。店のあった一角ごとビルに。リカさんの「リカバー」は、富ヶ谷から赤坂に移転しています。「しょっつる鍋」出すカクテルバーってここだけだろうなぁ。「銀座テンダー」は能楽堂ビルから隣りのビルへ。銀座ひと筋、上田さんのカクテルを知ったらあとにはもう戻れません。覚悟してお訪ねくださいまし。

おぎりよ今夜も有難う

酒徒たるもの、前の晩にどんなに遅くまで呑んでても、日が変わっちまえばどうあっても呑みたくなるもんだけど、約束して出かける日もある。独酌派のワタシでもね。

陽気が良くなってくると殊にそうで、今度の週末どこぞへというお誘いが来ますね。酒友だと「よし、あすこだな」とすぐ決まるけれど、それほど嗜まない相手だったり、初対面のお連れさんも一緒となるとちょいと迷うことになりますね。

そんときどうするか。

わたしの場合は「……で一杯いかが」とお尋ねすることにしている。

「……で」はもちろんおでん、鰻、焼鳥なんぞの東京の食いもんをアテに一杯どう？　ということね。ひとりのときも、なんかこう「今日はあれだ、鰻でちょいと一杯いきたいね」なんてつぶやくことがあります。体調のいいときなんだね。呑みが先でなくて料理のほうが頭に浮かぶんだ。といいつつ主役はやっぱり酒なんでね。料理を美味しく食べるため、でなく、酒を旨く呑みたくてそれを肴にしたいという、困った客筋ではあります。

「……の旨い店」でなく「……をつまみに呑めて話せる店」。それも東京の味を守ってる店ね。

となるとやっぱり、おでん屋・鰻屋・焼鳥屋の三つが多くなる。略してお・ぎ・り屋。おぎりのワタシ＝あー今夜もこのどれかで一杯やってる自分の姿ね（「矢切の渡し」って知らないだろうけど）。わはは。

で、相手が食事も御酒もご所望とくればこれ幸い、おぎりコースでなくとも自分の行きたいところに優先誘導。でも、それなりに原則がある。

こういうときは点でなく面で選びます。一軒で仕舞いじゃなくて、待ち合わせの店を出て二軒、三軒と線がつながり、ほろ酔いで散策の出来るまちで決めるということ。どうかするとお目当ての店が休んでたり、混んでたりするときもあるからね。それに花見頃ときたら、そりゃもう白楽天や芭蕉をきどってそぞろ歩く気分こそ共有したいもの。

だから、六本木辺りのつるピカのビルの谷間や、タテ長屋のテナントビルのなかの店は勘弁ねー。新開地に、わざわざ東京の味を探しに行くことないでしょ。きのう今日よそからやって来て食い物屋で儲けようという「ひと旗組」ばっかりだもの。

やっぱり昔の下町がいいやね。

てことで、相手のあるとき何処にお連れするか——定番だけど「蕎麦屋で一献」がある。「蕎麦前」といえば日本酒のことをさすわけだし、昼酒の定石ですね。ただし蕎麦好きならたいていの蕎麦屋をご存知のはず。神田、日本橋界隈は食べ歩いてるだろうし、上野「蓮玉庵」、一番町「吉田」、根津「鷹匠」なんてご贔屓さんですかな。細め、太めといった好みもあるでしょう。乱立してる「モダン手打ち蕎麦屋」なんか、間違ってもお連れ出来ませんね。いきなり難しいね、こりゃ。

と、ここは出し惜しみしないで、とっときの独酌酒房へご案内してしまう。浅草は寺方蕎麦の「長浦」があるよ。向島の本店もいいですが意外性で浅草店かな。ちょい昼どきをすぎた頃合い、そう三人までかな、囲みの卓子の角がおすすめです。

寺方蕎麦とかいって辛気くさいんじゃーないのぉ？　なんて心配ご無用。ここの般若湯、燗の「灘の金杯」も冷たい「聖」も良くできた御酒です。

召し上がりもんは「山芋の酢の物」と「鶏肉のわさび和え」ね。どちらも運ばれてきて、見た目で「おや？」味で「ほぉー」となるよ。これは御酒に合います。もちろん蕎麦も気合い入ってる。手狭だけれど呑み助も蕎麦食いも納得の品書き。そりゃ浅草だからさ、わざわざそのあとのご案内はしませんぜ。どこぞも土日やってるし、二軒目も散策どころも困るくらいにたっぷり、というわけであります。

この伝でお次は、「焼鳥屋で一杯」ね。

これまた日本橋、銀座、新橋にはあまたあるんで、客人をお連れするには一考しないとねぇ。「鳥長」や「武ちゃん」、「鳥繁」は焼きも燗酒も旨いしサクッと呑むには申し分ないけど、二人連れで長っ尻って気が引ける。分かるでしょ。江戸っ子贔屓の店だもの。なんでおすすめは、池之端「たがみ」。不忍池の弁天様や根津の権現様に囲まれた渋ーい一角、あの名店「八巻」のあった場所といえば鳥好きはご承知のはずです。

こんなところに、と少々不安になるくらいのロケーション。だからこそ、呑んで語れる酒家にふさわしい店。お通し代わりの野菜の小鉢、これだけで主人の力こぶが分かります。燗酒は「賀茂鶴」と「南部美人」。丸鍋型のお燗器でていねいにつけてくれる。吟醸酒もあるしワインも焼鳥に合う自家ブランドがある。ワタシのおしきせはビールのあと、燗を二本。で、「東一」のひやとワインのグラスをならべる。これで、刺しでもタレでも塩でもなんでも来いって気分になります。旨いよー。

鰻でもそうだけれど、焼き上がりまでの時間ね。このあいだを〈呑みながら待つ〉って贅沢だよねぇ。呑み助にとっちゃかえって遅いほうが有難かったりしてね。店だってそのほうがいい客だよね、はは。そんなことを共有できる相手とね、たとえて云うと金曜か土曜の口あけの時刻。あいにくの雨でまだ予約客は来てない様子。カウンターには二人連れがひと組だけ。こんなときこそ盛り場の繁盛店とは好対照に、池之端界隈のしっとりした風情を感じつつ、愉しめます。

店を出たら、根津、千駄木、谷中へぷらぷら。「オー・ド・ヴィー」という老舗バーや銀座「ロックフィッシュ」出身の「バー長谷川」が目下張り出し中ですぜ、旦那。

反対に上野に歩けば、もう五條天神や西郷さんの下の早咲きの桜が拝めますしねぇ。

さてさてそれから「鰻屋で一杯」ね。

これまた焼き上がりまでを利用して呑もうという魂胆。こうなると誘われた相手も共犯者だ。はは。なーに鰻屋ったってワタシのこと、構えすぎた処にゃお連れしないよ、ご安心。はい、池袋「かぶと」ときたもんだ。

ここはあの新宿・思い出横丁の「カブト」唯一ののれん分けの店です。テーブルと小上がりがひとつずつあるけどカウンターが基本。新宿を知ってるひとは「あー串焼ひと通りの店ね」と顔がほころぶね、これまた。

注文、お任せいただけるならね、まず女将さん担当のお新香と豆腐、で生ビール。以前は「ヒューガルデン」だったけどいまは「白穂乃香」。どちらも鰻に合うんだなこれが。

ここからは、運よく横利根の天然ものがあればしめたもの。

迷わず「しらかばコース」。

白焼きと蒲焼きを一人前ずつもらっての食べ比べ。目の前で割いて、蒸さずに供するのがここの流儀。酒はとりあえず、山形の「くくみ」。ほんとのぬる燗で出してくれる。焼きとおんなしで時間かかるけどま、のんびりやりましょうや。ご主人は酒好きでほかにもいい酒が揃ってる。だからこの店は呑んべぇの長居も許してくれる貴重な店。

ご主人の威勢に負けない女将さんの会話の間もいいけど、BGMはなんとクラシック。あの江國香織さんや川上弘美さんも常連だからね、ここ。と、ワタシがエバってもしょうがないけど。芸術劇場が近くだから音楽家も落語家も来る。

「J箱」「N岩」「A本」とか立派なお座敷でなくて悪かったねー。ほんとは「えー池袋?」なんてちょっと思ったんじゃーないの。わはは。

でもね、まー闇市上がりのイメージが残るまちだけど、この丸井、立教大学の辺り、山の手通りにかけてはかなりな色街だったし、かつてはいちばんの繁華街だったのさ。芸術村のあった池袋モンパルナスとか、聞いたことあるでしょ。

それにここには、酒徒にとっちゃ大変な場所があるんだ。

要町寄りに曹洞宗の「祥雲寺」というお寺さんがあってさ、そこに酒呑みの墓があるのね。この酒仙人の戒名が「酒徳院殿酔翁樽枕居士」。愉快でしょ。

そして追加アテンドとしちゃ、堂々名にし負う酒家「笹周」がかつてございましたな。

ショットバーも新手の酒バーも増えている、池袋・鰻ツアー、どうぞお出かけくださいな。

さて焼鳥、鰻ときたから、そろそろさっぱりと「豆腐」「おでん」ですね。

「豆腐で日本酒を一杯」……いいよねぇ。

豆腐専門の店は、門構えといい風情のある造りがいいよね。本駒込の「五右ヱ門」もなかなかですが、ワタシは根岸「笹之雪」がいい。

なにがいいって入れ込みの座敷がいい。どぜうの「飯田屋」もそうだけど、なんだかほっとする空間なんだな。開いたら通しでやってるから、昼席目当てのお客さんがひけた時分からは、うまくすると貸切りになる。庭の苔石や豆腐と笹の葉でこさえたような干支の飾りやら眺めながらの酒席でござい。

おすすめコースもありますが、ここは呑んべぇらしくアラカルトを注文。「あんかけ豆富」「冷奴」だけでいいくらい。

たしかにここのあんかけは燗に合うね。でも合うと思うけど、できればそりゃ金粉入りの高級吟醸酒も置いてございましょうが、なにせあっという間に出てくるお燗ね、これなんとかなんないかなぁ。一升瓶が逆さに入ってるお燗器だろうなぁ。

老舗の流儀というものは、なかなか変えるのが難しいのだろうけれど、もしワタシならちゃんとお燗のできるひとを雇うね。下足番がいて、お燗番がいれば最高なのに……と呑んべぇは思うのであります。

が、根岸といえば「鍵屋」。最強の燗酒屋がございますな。

ここでお燗のつづきを相方とじっくりやりますかな。ね。

そしておでん、となりますが、銀座の名店以外となれば、これはもう湯島「多古久」。創業はなんと明治三十七年。独りおでんのときは、もっぱら本郷「呑喜」で「キンシ正宗」をいただきますが、「多古久」の「褒紋正宗」のお燗は、いわゆるここの関東煮によく合いますなぁ。

おでんだけでなく、親父さんがご存命の頃からここは肴がいいのです。刺身のツマも粋な使い方で、まさに花街の名残りを感じさせてた。うんとなで肩の徳利と猪口がとてもきれいで、さぞ眠狂四郎に似合うだろうなと思うね。日曜やってるのも嬉しい。ただ、時間帯によってですが、くどきくどかれの真っ盛りで、お行儀がいいとは思えないカップルが目につくのが残念でありますけれどね。

湯島界隈はご存知、まことに色恋の似合うところでもありますし、こちらも若い時分のことを考えましたらエラそうにはできないわけで、まーこうした大人の店で、ちょっとずつ他山の石を勉強してねー。ははは。

もう一軒おすすめのおでん屋が神田「なか川」。

神田駅の京浜東北線のガード下にあるとても居心地のいい吞み屋さん。おでん種の練物からほとんど自家製という丁寧さと味も、白鷹のお燗つけの塩梅も保証いたしますが、カウンターの客同士がなごんでいつのまにか仲良しになっている雰囲気がいいんですね。亭主の人柄と、弁えた常連さんのやり取りが素晴らしい。ご縁を結びたいとっておきの客人をお連れしたい店であります。わがおぎりのお、では一番手でございます。

ほかにも「鮨屋で一杯」ならば、大塚三業の「鮨勝」へ。

「季節魚で一杯」なら渋谷「玉久」がいい。

「串揚げで一杯」なら浅草「光家」………ともう少し張りたいところですが、なんだか愚痴が出てまいりましたので、この辺でお開きとしますかね。反省ー反省、また反省っと。

お仕舞いに、酒場でなく料理屋で待ち合わせて吞みに行く、ときのワタシなりの要諦はといいますと、

酒好きな主のやってる小体な店がのぞましい。

一軒目にふられたときのことを考えて替わりのある界隈にする。

あとに散策ができる、趣きのあるまちならなおいい。

で、どのくらい長居できるか、どの席がくつろげるか、どの時間帯が吞んべぇ客にふさわしいか、その辺りを把握してから、つまり「自分の店」になってからお誘いするこ

と――というわけで、このお約束は、呑んべぇ同士でなく、お相手がたとえ下戸でも愉しめる、週末散策コースのお約束でもありまする。

もちろん、ちょいとばかし鼻の下が伸び加減の席もございますし、「云いにくいことは徳利の口を借り」の場もございましょう。

そんな日にかぎって、見覚えのある顔に出くわしたりいたしますもので。

えぇ、案外とこのまちは狭いものでございますし、なにより「いい店」はかぎられていますから。

さてそんときはてぇと、ワタシは相手方から話しかけられないかぎり知らないふりをいたします、ですよ。これが、連れのある席でのいちばんの決まりでございますよね、旦那。

さてそろそろ紙幅が尽きます。では、

おでんに、うなぎに、やきとり――

おぎりよ、今夜も有難う。

（二〇〇九年春）

［二〇二三年追記］

高橋義孝さんは品よく、寿司、天ぷら・鰻、蕎麦で「東京の食味四天王」と称してました。その義孝さんは協会の審議委員長してたくらいの相撲好きで、ご贔屓だった「江戸一」の柱には、氏のお土産？　大相撲大入袋が長らく貼ってあった。粋で茶目っ気のあるまち呑みの通人なんて、あーた、もう滅多にお見かけしませんやね。義孝先生の名随筆のひとつ『酒飲みの詭弁』（番町書房　一九七四年）のなかの一節――〝肴は酒に仕える下僕である。侍女である。家臣である。決して主君ではなく、また主君の座を簒奪するようなことがあってはならぬ〟――御意。

春日往来鼂屓引倒《かすがのおうらいひいきのひきたおし》

え――池袋駅の東口。あったはずの三越は五十有余年の歴史を閉じまして、明治通りをついと左に折れますといまや駅前定番のビックカメラにヤマダ電機、左にあら懐かしや文芸座、右に豊島公会堂……とほどなく六つ又交差点。川越街道とつながる道をそのまんま右に曲がりますと、これがご存じ三代将軍家光の乳母、春日局の名を冠しました「春日通り」。今回はここが、わが散歩酒の舞台でござい。

そして左を見上げるてぇと、昔はマンモスプールなんてのがございまして、子ども時分、夏はプールで冬はスケートに連れてってもらうのが楽しみでしたな。チンチン電車が走っておりまして、ガキンコでございますからもうハナから浮き袋を抱えて麦わら帽子、ランニングに半ズボン、ゴム草履というかっこで中山道は板橋から飛び乗ってたですな。ま、いまじゃゴミ処理場ですからなんとも味気ないもんですがな。

その先の堀之内橋を渡ると左手が、堀之内（上池袋）。なんでもかなりの時代からあった村で、日本三大稲荷のひとつ、最上稲荷の分かれがございまして、寺社詣りにはもひとつお楽しみがあるのがお約束。色っぽい店も並んでた。小体な店が固まった一角がその匂ぃをわずかに感じさせます。そんな春日通りの入り口からおしまいまで呑みながら一気に回ろうてぇ魂胆、うまく紙幅に収まりましたらお慰み。さてお立会い！

春日通り一番札所、じゃなかった本日の一軒目の呑み処は、川越街道から辻町に向かって左に立呑み「二合」でござい。

なんたってここはあーた、早い・安い・盛りがいい。十人も入れば満員ですが、なーに相身互いのすべをわきまえてればよござんす。近所にあった懐かしの「長野屋酒場」時代からのご常連もお見かけしますな。たっぷりの桝酒をツイーと二杯。たっぷりのお新香、なんと百円。呑んべぇの天国てのは何処にでもあるもんだ。口あけしたらさぁ出発。右手にサンシャインを見ながら六つ又をあがっていきますとほどなく、大塚駅からの通りと合流。辻町の分かれと申しまして、六つ又が二又になりましてここからドーンと一直線に春日の往来となるわけですが、ちょっとだけ寄り道さしておくんなさい。ここらは巣鴨、庚《こう》申塚《しんづか》、折戸通り、そして大塚三業通りとつながっておりますんで、呑み助にはどうあっても素通りできない関所でございましてな。

選びに選んでご紹介したいのは、燗酒なら酒場「江戸一」、中華なら「上海チキン小閣楼」、カクテル＆リキュールなら「ＢＡＲ ＯＷＬ」。立呑みならその名も「立飲みコーナー大つか」……いずれも、独りでもお連れさんとでも、呑みだけでも料理だけでもお勧め。使い勝手がまことによろしい店ばかり。我慢できずに江戸一さんへ。ええ、それでもお銚子二本で後ろ髪ひかれつつ、辻町に戻りましたぜ。お待ちどうさま。

で、寄り道しといてなんですが、なんせこの春日通りに交差する道路は、西につながる川越街道と合わせると、しめて十と七本と来たもんだ。先を急ぎませう。

はい、大塚三丁目で交差するのが、不忍通り。

不忍通りを左に少し下りて春日通りに戻る脇道に「マールツァイト」という、天然ミルク酵母のパン屋がござい。イーストパンとはひと味もふた味も違うこだわり。頑張ってるなぁ、これぞまちっ子が贔屓にすべきパン屋さん。この交差点にはなんと「不二家」の本社がある。特別限定のメニューがあってイートインもできます。なんかね文京区ってさ、ソントンジャムとか太田胃散とかエーザイとか、けっこう知られた本社のまちなんだ。どーでもいいけど。はは。

反対に右手の坂が「富士見坂」で下りれば護国寺へ。手前を右脇に入ると吹上稲荷に、荷風散人も訪ねた「儒者棄て場」がございます。種村季弘の東京案内にも紹介されてたね。

いまは御陵でもある護国寺は、そもそも五代将軍綱吉が、桂昌院お万の方のために建立したてぇ話は有名ですが、門前を賑やかにしようてんで、音羽、青柳、桜木という三人の奥女中が、土地と商売の権利を賜ってのち岡場所として栄えたという歴史がございまして町名にも残っております。

将軍さまもときに粋なことをするもんで、京都の大通りに倣い九丁目まであるこの音羽通り、護国寺門前に立つと緩やかな坂になっていて江戸川橋まで一望できる仕掛けなんだ。山の手屈指の大通りであること、実感できます。

四十年ほど前は上野辺りから馬子が荷馬車引いて富士見坂を降りてきましてね、音羽通りをちょうど曲がった左角には馬具屋があったくらい、のんびりしたしもた屋の町でしたが、今じゃー端から端までビルだらけになり果てました。

さてさて富士見坂を引き返し、春日通りを茗荷谷へ東に進みますと、お茶の水女子大学、跡見女子大学、窪町小学校、教育の森公園……さすがふみの都の文京区。茗荷谷駅周辺は、まず老舗の上海系「金門飯店」に、地元っ子のご主人がやってる四川系の「木蘭《ムーラン》」、そして桜並木の播磨坂を下りて千川通りには山東系「萬盛園」と中華のいい店が揃ってますな。

それと通り沿いの「そば処 信濃路」。なに気ないけれどまち場にしっかり根づいてる蕎麦屋さん。白鷹の燗でいきやしょうかね。へへ、イイこころもちだね、これまた。

バーなら「バーブ／無縫庵」。住宅街のなかにこんなにいいバーはめったにないよ。美人四姉妹の三女がキリッと仕切る。その気風とカクテルは間違いなく小石川でぴんの店。さぁて桜の見どころ、播磨坂並木を越えて、左手には伝通院。家康の母、於大の方が眠っておりますな。ほどなく右の、中央大学理工学部校舎の隣りが礫川公園。ここで春日局之像が、お迎えいたします。

おっと手前に、もと淡路町・靖国通りにあった洋菓子の「エス・ワイル」を忘れちゃいけない。いにしえの学生時代、大学教授が神保町界隈の古書漁りのあとにさ、ここのザッハトルテと珈琲を頼み、獲物の束見ながらしみじみ旨そうに……そんな風情の店だった。坂を下って、富坂下は千川通り、後楽園駅、文京区役所を右に見て春日町の交差点に出れば、白山通りときたもんだ。でもまだ越した通りは六本目、ちょいと急ぎますかね。それ、真砂坂をトントントーンと一気に上ると、本郷界隈。ふ――つくづく坂のまち、崖のまち。引っ越してきたママたちが初めに買うのは？　はい正解――電動ママチャリ。必需品ですからねー。はは。

ノーガキめきますが、池袋からここいら辺りまでは、武蔵国豊島郡湯島郷と呼ばれてた。それが奈良時代のお話ですから、江戸の地層の下に武蔵国の名残りが堆積してるわけですな。

比べて本郷といいますと、東大・加賀藩屋敷跡、正岡子規、森鷗外、坪内逍遥、モース、フェノロサといった明治の日本を担った文人、学者たちの足跡がほうぼうにございます。〝かねやすまでは江戸のうち〟や〝弓町の大クスノキ〟といった、江戸の地層にハイカラな風土がかぶさったというんでしょうか。通りに「ファイヤーハウス」という老舗のハンバーガー屋がございますが、創業は一九六六年（マクドナルドの一号店は一九七一年）だし、「名曲・珈琲 麦」、カレーとコーヒーの「ルオー」なんてのも、かつてのモダンな東京ですね。

と思いきや忘れちゃいけないのが、弥生式土器の弥生一丁目が目の前なんだ。弥生時代だよ、なんたって。そんな本郷三丁目の本郷通り。飛鳥山の花見なんぞにお殿さまが行き来するてんで、別名、御成り街道というわけですが、この大通りはこれまた江戸の匂いが立ち上ってまいりますな。

湯島四丁目、江戸あられ「竹仙」の向かいには春日局さまの眠る、これが麟祥院《りんしょういん》。彼女の遺言で「黄泉の国からもこの世を見通す」ために、真ん中に孔のあいた不思議なお墓。午後三時までお目通りがかないます。

そして湯島天神、切通坂、無縁坂、池之端弁天さま、そして上野寛永寺とつづきますこの辺りは、ごめんなさいよ、あっしの贔屓がずらりときたもんだ。

「奥様公認酒蔵 岩手屋」、「とりつね」、バー「琥珀」、とんかつ「蓬莱屋」……名店ぞろいの有難いまち。それに早朝からやってる立呑みの「たきおか」とか、嬉し懐かしガード下の定食屋「御徒町食堂」とかさ、敷居が高くなくて気持ちのいい繁盛店が多い。この辺でまたちょいとひっかけていきますか。ほい、呑むより悦はなかりけり、と。ごめんなさいよー。

よっしこれで天神下の昌平橋通り、上野広小路の中央通り、昭和通りと来ましたよ。まだあと交差点は七つほど。駆け足になるけど勘弁ね。

相変わらずパワフルな格安百貨の「多慶屋」をすぎて、佐竹商店街、三味線堀、「給食当番」なんてレトロメニューを食べさせる店を左手に見てると清洲橋通り、鳥越、元浅草交差点、小島町辺りへ。江戸は火事や情勢不安で、色町や盛り場があちこち移転させられて、庶民はそのたんびに大迷惑だった。元浅草なんて地名にそれを感じますな。

と、ここでとっておきの鰻屋「やしま」が右手に。

浅草は「初小川」で修業しましたご亭主。ゆるゆると手酌で江戸前の味を楽しめる、おつな店でぇ。おーべらぼうめ——。って、さっきのひや酒がきいてきやがったな。はは。そうだ、忘れてたけどこの春日通り、都バスのドル箱なんだな。で、寿三丁目のバス停で降りると、浅草は田原町、国際通りにつづいてる。歩いてもわけないんでここからの浅草散歩もお勧めだぁな。

そんで蔵前駅、江戸通りときて、いつかもご紹介したかな、「ザ・ホームズ」というビアバーが「駒形どぜう」の近くにあって、生ギネスが旨いよ――。うー浅草に向かいたくなる自分をぐっとこらえてっ、と。

江戸通りを越せば厩橋《うまやばし》。橋のたもと右手に交番、左手には小体な居酒屋「厩橋文」の灯り。ご主人の気配りにほっとしますな。なにせここは武蔵国と下総国と、両国の境目であります。文字通り両国橋がかけられて、ようやく本所も大江戸のうちになったてぇ話です。隅田川の向こう岸はいわば別世界。夜なんぞさぞ怖い怖いとこだったろうねぇ。落語「文七《ぶんしち》元結《もっとい》」で、店のカネを失くしたと思い込んだ手代が身投げしようとするのも吾妻橋だからまさにこの辺り。交番わきのミニ公園が不思議なモダンさ。

はい、そしていよいよ橋を渡れば、本所一丁目。

ここで交差する清澄通りといえば、清澄庭園。そこに屋敷を構えていたのがかの紀伊國屋文左衛門ときたもんだ。いやいや、そんなんで驚いちゃーいけない、ここからが大変。

本所、深川、両国、横川あたり。鬼平が登場する寺社やら、回向院の鼠小僧次郎吉の墓やら、吉良邸やら、太田道灌の墓やら、本所七不思議やら、どこもかしこも江戸の血が濃――く染み込んだ道筋なんですなー。かつては大相撲も大川越えてこないと観られなかったしね。

でもってここに根を下ろしてるまちっ子の流儀にかなった商いが残ってる気がいたしますす。「牧野」、「わくい亭」なんて居酒屋さんがその典型ですね。さらに、モツ系のそらぁもう刺しや焼きの安くて旨い店が集まっておりますな。これが見事。なかでもアタシが贔屓なのは東駒形の「とん平」と本所の「わかば」。それと業平の「まるい」だね。毎ン日家族で元気に店開けてるよぉーって感じるものね。地元っ子に混じって、ちょっとずつ馴染んでいくのがたのしいんだな、これまた。

通りから裏に一本入るとすっと風がぬけていくのが分かる。火事の類焼をふせぐために道幅をひろくとってある。大火事のあとの江戸がとった都市整備、の証拠でもあるんですな。

そんで行きつ戻りつ、はしご酒してる間に、三ツ目通りを通り越して、四ツ目通りの横川の交番までたどりつきましたっと。

もう、へべれけ寸前というところですが、とっときをご紹介。四ツ目通りを渡ってすぐ左にあるのが「桑原ハム」。ドイツのコンテストで何度もメダルを貰ってるハム&ソーセージの製造元です。直売コーナーで自慢の味をお求めあれ。これで家族へのお土産が出来たぞ――っと。

で、もうちょぃと歩きますと、いよいよ春日通りのおしり、横十間川にかかる栗原橋。ここはじつは早咲きの桜が並ぶ、隠れ名所なんだな。春先に此処にたどりつくと、しみじみ墨東に来たなぁと思います。はい、めでたしめでたし。荷風散人ふうエンディング――。

はい、これで終わっちゃうのもいかがさまで。

なんてんでふと地図を見返すと、ここらは亀戸天神の裏手にあたるんだと気がつくわけやね。で、裏手にあった特飲街に通じる道をみつけて、とことこ……なんと無事、天神さまにお参りできたでないの、こりゃもうなんだか嬉しいなと。

亀戸といえば、七福神巡り。天神さまといえば正月の鷽替《うそかえ》や藤まつりで江戸の庶民に親しい名所中の名所。境内には「若福」という江戸懐席の料亭があって、焼きたての玉子焼きをお土産にできる。へべれけでもベーコンと玉子焼きを抱えて帰れば、家人だって文句は云うまい。たぶん……わはは。

そしてなにをかくそう、春日局の本名は、斎藤福。そうお福ちゃんなんである。それじゃーいっそ春日通りでなく、〝お福通り〟としといたほうが、縁起もいいし愛嬌があって良かったと思うんだけどもなぁ。

というわけで、春日通りとは、福にはじまり福に終わるという、じつに目出度い通りなのでありました。

酔眼流春日の往来贔屓の引き倒し……全一巻これにておしまい。

（二〇〇九年春）

［二〇二三年追記］

春日通りの大塚駅と錦糸町駅をつなぐこの都02系統（都営バス）は、ほんとに有難い。大塚、湯島、上野、御徒町、両国、浅草、石原そして錦糸町……どこで降りても酒場に不自由しないときたもんだ。店の見当がなくっても、路地をジグザグ徘徊すれば縄のれんやちょうちんの灯りにでくわすもの。いまでもね。いつか福田さんがワタシを「春日通りの番人」て称してくれたけどとんでもない。ただの春日通り徘徊老人であります。

ちなみに春日局像は二〇一九年に、礫川公園から菩提寺の麟祥院に移設されています。

銀座の百年酒場

夜の銀座といえば、バーである。高級飲食店の街である。銀座の名のある店で杯をあげることは、功成り名を遂げたひとに似つかわしいシーンだった。人生右肩上がり真っ最中の連中がこぞって集まり、銀座の夜は日本一の格式といってよかった。

しかしまーあっさり云ってしまうけど、近頃はそーでもないよ。

おカネ持っててブランドもの身につけてても、え、銀座紳士？　が多いよね。そういうの、いまはセレブとかＶＩＰとかいうんでしょ。いつのまにか主役も脇役も、相当入れ替わってしまったねぇ。好きなまちだから控え目な云い方するけどさ。

でもね、エスタブリッシュメントたちの豪奢な店だけが銀座ではないわけで、もともと銀座で働くひとが呑み食いする処もたくさんある。盛り場だからね。

それで、くだんの銀座紳士と銀座リーマンが違うところは、お店の一日二段活用と相成るわけです。つまり小料理屋、イタリアン、中華屋問わず、昼めしに行って、そんで会社終わったあとにまた行くのよー。

そう、これが銀座勤め人の行きつけの使い方であります。

むろん酒徒だってどっちも行く。昼酒と夜酒ね。はい。

そしてなぜか京橋から銀座一丁目、四丁目にかけて集中してる。そんで四丁目から新橋にかけては今度は、バーテンさんや、まかない付きでない店に働くひとたちのために、遅くまでやってる処が多くなる。面白いもんだ。そう、銀座のふだん着の店。

そんななかで今回は、日本酒の話。

沖縄人や九州人は別として、酒——といえば日本酒と決まってた。ついこないだまでの日本はね。いまじゃーなんでも「サケ」って云うけどさ。

ま、だからこそ対照的に、銀座の洋酒バーはハイカラで特別だったわけですが、銀座のバーには日本酒がちゃーんと置いてありました。

うん、銅壺のお燗器が多かったね。ハイカラ紳士も、ホントはついこないだまで馴染んだ燗酒が好きだったもんでね。そりゃそうでしょ。ホテルのバーだって宴会用のがあるからね、お燗といえば「かしこまりました」と出てきたし、ね。あの資生堂パーラーだってそう。ドイツ文学者の高橋義孝先生が、茶目っ気まじりにこう書いてます。

——始終ではもとよりないが、だからたまさか銀座の資生堂でお酒を飲む。酒といってもビールでは「酒を飲む」感じが出ない。日本酒か白葡萄酒である。（中略）真中のテーブルに陣取ることになって、友人とふたりでオードブルを肴に日本酒を飲んだ。日本酒はもちろん普通の銚子に入れて持ってくる。さすがに盃は出さない。リキュールグラスのようなものを持ってくる。資生堂ではどういう銘柄の日本酒を使っているか知らないが、酒は大変いい。まわりでコーヒーを飲んだりアイスクリームや菓子をたべたりしているのを見ながら、銚子を傾けるのは、少しきざで悪趣味ではあろうが、酒に一寸面白い味がする。まわりの客がけげんな顔をしてこっちを見る。中にはくすくす笑い合っている客もある。どこの田舎者だろう、というような顔をする人もいる。とにかく、資生堂の西洋料理で日本酒を一杯やるのはなかなか乙であるから、試みられるといい。少し勇気がいるけども——（随筆『酒飲みの詭弁』宿酔の記）

そうそう、池波正太郎は「煉瓦亭」のカツレツには菊正宗の熱燗でないと、と譲らなかった。吉田健一も日本酒ほど和洋の料理に合う食中酒はない、と力説してるのは有名ですな。吉田健一が銀座界隈でご贔屓だったのは、「新富鮨」、「小川軒」、「アラスカ」、「ピルゼン」、「はち巻岡田」あたりかな。昭和三十年代の銀座の雰囲気たっぷりですが、小川軒とアラスカ以外は、かろうじてワタシも経験できました。

ただし吉田健一の「はち巻岡田」は、いまの松屋の裏手に移転する前、尾張町にあった頃の話。なんでもそれは濃い――い樽の菊正宗であったそうで。そして空いた銚子を下げずに客の前に置いておくので、「今日も五本だったな」とか「おー十本いったゾ」なんてやってたらしい。

銀座で日本酒、は大いにアリだったのであります。

そういやこの「煉瓦亭」、「はち巻岡田」はじめ、銀座の老舗にはキクマサ置いてる店、多いねぇ……中華の「羽衣」、「天龍」、蕎麦の「よし田」、おでんの「お多幸」、寿司「新富寿し」、天ぷら「天國」ときたもんだ。

蕎麦屋にキクマサってのはよその街でも多いなーとは思ってたんだけど、こうして数えてみると銀座の日本酒の定番はキクマサなんだな、と云ってもいいくらい。うん。白鷹あたりと双璧かね。いやいや、これだけ純米だ、大吟醸だという時代に立派なもんでないの、ねぇ。

とりもなおさず日本酒好きのなかに、ちゃんとキクマサ贔屓が健在ということ。時代遅れの日本酒党としては嬉しいねぇ。

さてさて、昼酒やちょぃと小祭り気分の日のハレの酒はこういう処で、と思うけれど、毎日銀座で一杯という訳にゃぃかないやねー。

如何せん「日々励行独酌派」としては順路が違うわけですな。ふだん着の正統酒場は京橋から四丁目にあり、です。うん。

それと、毎度どうも口はばったくてごめんなさいよ、東京らしい居酒屋というのを、四丁目から新橋にいまだに見つけられないでいるのです。ワタシはね。

銀座のまちの夜の特徴としては、地方色が豊かだということがひとつ、あるよね。各地方の新聞社はじめ、メディアの支局・支店が銀座に集中してるせいもあるんだろうね、じつに多彩な料理屋さんが全国から出張ってきてる。呑み屋さんもそう。

そりゃ、旨い店もたくさんあるさ。

でもねぇ、地方ならではの名物料理と地酒を賞味する、というのはやっぱり、このまちに住んでるものには、非日常なんだな。だから、どうかすると郷里の話題で盛り上がってる宴会席を横目に、早めに切り上げてしまうなんてことになる。懐かしさも含めての味って気がするんだな、これは。別に悪口じゃーないよ、うん。

で、銀座一丁目四番地、「升本」。

東京の勤め人が会社帰りに素になってくつろげる居酒屋。今年で六十年以上になる。「ひや、ね」といえば、一升瓶をご主人が抱えてきて、小皿にのった厚いグラスに注いでくれるのも昔ながら。

口からツイーと御酒を迎えに行く呑み助のための店。

あんましくだ巻かないでサッと自分の適量を呑んで帰る処。

あじフライ、ポテトサラダ、うるめ丸干し、厚揚げ焼き、らっきょ……日本酒にこんなアテがあったらいいな、という肴が揃い踏み。

のれんをくぐってピンと来ないようじゃーまだまだ。

上等な酒をいくらでも呑める時代に育った御仁には、ちょいと渋すぎるかもしんないけどね。

もともとは神楽坂の酒屋さんで、そこからの分かれだとか。

かつてはこのまちじゃ、酒屋さんで小僧っ子から懸命に働いて番頭さんになり、屋号を譲られて居酒屋を始めた処が多かったんだよ。「山田屋」、「山城屋」、「栃木屋」とかの居酒屋さん。大川から向こうが多いけど、みんな元は酒屋さんの出だね。

この「升本」じゃ、樽のキクマサがワタシのおしきせ。わけは、ここのお燗器なんだ。

昭和十年代まではよその居酒屋でもあちこちで使ってたらしいけど、お仲間はもういない。なんとも不思議なかたちのお燗器が鎮座してるの。

ステンレス製の大きな壺のような濾過器のような……らせん状に酒が落ちていって出口につくと程よい燗酒の出来上がりー。ベタつかず口あたりのいい燗酒です。ここの骨董品のレジと、このお燗器を見るためだけでも、いちどいらしてご覧なさい。昼間もね、定食やってるから。損させないよ。

銀座って盛り場は、いまと違って、地下鉄ができるまでは、この一丁目から四丁目までが中心だったといいますが、まだ大通りには荷風さんが通った第百銀行、もとは古屋徳兵衛の個人商店だった松屋くらいしか目立つ建物はなかったはず。

近くのやっちゃば、大根河岸も独特の風情だったろうね。

なにせ、京橋と新橋という二つの橋と川に囲まれた盛り場なんて、ここだけだしね。戦後、バーやキャバレー全盛になって、植木等の「スーダラ節」じゃないけど、陽気に酔っぱらっておみやの折詰抱えたまま寝ちゃったり、社業・社命の厳しさについつい深酒したり、そんなサラリーマンの姿をずっと見てきた銀座の古株の呑み屋がどんどん転業していくなかで、この店はずーっと「張ってる」というわけでね。

それが力んだ感じでなく、なんだろなー流れに逆らわず静かに対峙しているような風情。二代目ご主人の自然な物腰がそう思わせる。三代目も育ちつつあるからきっと、銀座で百年つづく酒場になるンだろうねぇ。いいな……銀座百年酒場。そんときワタシはいないけどさ。あはは。

もーひとつここのお薦めは、二階のカウンター席ね。ひとりでも気兼ねなく過ごせるのよ。いい居酒屋というのはひとり客を大事にしてくれる、というのが持論だけど、一日が終わってぼーっとできる、いつもの席があるというのは、じつに有難い。これこそが、ケの酒でありますな。

酒呑みの境地を、犬が気持ち良さげに日向ぼっこをしてる姿にたとえ、それから、酒呑みは酒に寄り掛ってはいけない。しかし、からだを預けるのは構わない、いやむしろそうすべきだと思う、と云ったのは吉田健一だったっけ？　このひと、酒に関しては、割といいこと云うのね。

マスをかたどった赤に黒文字でくっきり「升本」の大きな看板。遠くからもはっきり判る。堂々として、酒呑みのための店、という矜持が伝わってくる。東京生え抜きの居酒屋、銀座にあり。

界隈には、近所に支店を持つ有名居酒屋や割烹が、こことおんなじように昼から頑張って、旬の魚や揚げ物でランチのボリュームを競ってる。リーマンたちの昼夜・二段活用を誘ってるわけね。

でもね、つかず離れずほっといてくれて居心地よく、酒も肴もよくて、値段も納得、なんて店はもちろん、銀座でもどこでも数少ない。奇跡みたいなもんなんだ。

それが前提。

だから、馴染みを深めたい店に出合ったときは、じつに幸せなもんなんだ、これが。

その店は、銀座というか新富町の駅から歩いて五分くらい。「升本」がのびのびできる店だとすると、ここはむしろ、背筋を伸ばして呑むことをたのしむ店。

銀座一丁目二十二番地、「木挽町 湯津上屋《ゆづかみや》」という蕎麦屋さん。

ここは張ってますよぉ。

蕎麦好きのご近所さんに口コミ派が加わって、忙しい昼どき。それが終わって、夕方から営業再開、その早めの時間が狙い目です。

地下鉄の階段をのぼるときから、心持ち早足になってます。なにしろカウンターが四席、四人掛けテーブルが二卓のみ。で、入り口からなかが少し覗けるようになっていて、いきなりガラガラ、なんて無粋な客にならずに済むようにという仕掛け。

おー今日はいちばん客。いいねぇどうも。

ほっとしつつ、まずは「冷たいキクマサをお願いします」。あ、ここもそうだったんだっけ。うーん樽の菊正宗、のど通りのいいこと。

さーて、肴は正油漬け、卵焼きなんかでいきますかねー。

はい、そのあとはお燗をいただいてですな、鴨焼きか、かき揚げなんぞこうアチチ、なんてんで、じつにこのどーもよーがすな……すっかり横丁のご隠居ンなってなごんでしまいます。ふふ。

お店ンなかのどこもこざっぱりとしていて、器も清楚で品がいい……なーんてエラそうだけどさ、あれだよ、お銚子は四角いなんていうの、白木の「袴」にのって出てきます。これまた気が利いてる。神楽坂「伊勢藤」さんだと、やや唐様というのかな、徳利の脇に杯台や布敷きが出て、「伊勢藤」らしい洗練された景色がつくられるのだけれど、これはこれで蕎麦屋に似合った清々しい景色だと思いますね。

で、手酌をしてるとね、どうしても酒のしずくが一滴、お銚子の外を伝ってスーッと落ちてきますすな。でもこの袴のおかげでちょいと斜めにお銚子が傾いて滴が下に落ちていく、いちいち拭くのもなんだなーと心配しなくていいわけ。

でもたいていの店は「袴」なしだからね、どうかすると注いだあとに滴がツーっとね。まー焼物には凸凹があるんで、お銚子のどこかでぴたっと留まるんだ。留まるんだけれど、気になるといえば気になるのよ。分かるかなー。

このたまさかの一滴のことを、ぴたり表現した言葉を寡聞にして知らないんだなー。

酒の泪、露宿り……ダサいよな。

たとえて云うと、山本周五郎が風間完の兄の三木蒐一《みきしゅういち》につけたあだ名が「きすぐれ」。これって酒に溺れる者の意味でさ、ほかにも女に溺れる奴、「すけぐれ」って意のあだ名をつけられた人もいたんだけど、なんか洒落てるよなぁ。こんな表現が欲しいなあ。

で、しばし黙考しつつ……これをアテに独酌三昧。

燗酒を三本いただいて、最後はもり、でしめます。御酒のあと、申し分のない風味とのど越し、そして量であります……ごっそさん。

結局、思いつきませんでした。はは。だれか教えてくれないかな……。

ご夫婦なのかご兄弟なのか、二人できっちり仕事をしてる店。そう、いい店はノーガキなんか云いません。食べれば分かるものね。

土日やってるってのもいいじゃありませんか。あのーすんごく気が早すぎると思うけれど、ここがつづいてぜひ、銀座の「百年蕎麦屋」になりますように。

おやおや、時間はまだ七時。どうしましょうかね。

うーん、もう十月ですからなぁ。これからはお燗の季節、そして春先まで樽酒の旨くなる季節だねぇ。吉野杉の樽で寝かされた日本酒なんぞ呑まされた日にゃー、堪りませんね。えへへへ。

ということで本日は、ケの御酒からハレの御酒におなおりぃー、ときたもんだ。

ちょっくら居残り銀座といかせていただきやしょうかね。

久し振りに七丁目にでも顔出しますか。

ところでご同輩、「むかしの銀座といまの銀座、どちらがお好みで」と聞かれたらば、どう答えます？

あっしはねー、むかしもいまも銀座が大好き。

で、明日の銀座はもっと好き。

根っから銀座ミーハーなんであります、はい。


（二〇〇九年秋）

［二〇二三年追記］
「升本」は最近店を閉じた。百年つづいてほしかったけれど…
ご丁寧な挨拶文、謹んで掲げさせていただく。

閉店のお知らせ
平素より銀座升本をご利用頂きましてありがとうございます。

誠に勝手ながら、諸般の事情により令和4年10月28日(金)をもちまして閉店させて頂きました。昭和28年の開店以来、70年に亘り賜りましたご厚情に深く感謝し御礼を申し上げげます。

皆様方の一層のご健勝を心よりお祈り致しまして、ご挨拶とさせて頂きます。

銀座升本　店主

つまみ番付

せっかく店の前を通ったのに「こう……ご無沙汰しちまうッてえと、敷居が鴨居になっちまいやがって……」なんてんで素通りしてしまうことがございます。

行こうと思いつつ、なかなか寄りつくきっかけがつかめない処ってのがありますな。頭の隅にはそこで一杯やってる自分が浮かんでて気にはしてるんですが、なんか行きそびれるという、ね。

と、これがこの季節になりますてぇと不思議なもので「そろそろ今年も仕舞だしなーいっぺん顔ださねーとなー」と気持ちが変わってまいります。これが節季のよいところ。

しばらくだった店に思い切って入れるンですな。

お店にとっちゃ、あの客はきまってこの月だけ現れるね、というわけですが、訊かれてもないのに、「年忘れの一献くらいはここでないとさぁー」なんてちょいとばかし媚びた口振りになったりなんかしてね。覚えあるでしょ。はは。敵も心得たもので「いえ、お顔見せていただけただけで嬉しいですよ」なーんて、こっちの気持ちを損じないように、それでいてほかの客とも分け隔てなく、たまさか野郎の相手をしてくれる。いい店とはそんな店。

もちろん、節季払いという用もあるンだけどさ、いってみれば、馴染みの店の変わらなさを覗きに行くのだな。

いつも味が変わらない、いつもしつらいがぴーんとしてる、いつも皆がきびきび働いてる……日々の努力と精進に乾杯してくる月間だ。

そんな年越し酒を先週からやってる。本日はまず、池袋は鰻の「かぶと」。座敷じゃなくてカウンター、それも目の前で鰻をさいてくれる。で、ひとり客でも呑める店。このおやじの憎まれ口、天下一品なんだ、もうこれが。おっとワタシとおない歳だっけ。旨い酒いっつも置いてるねぇ。うん元気そうだ。

湯島の「琥珀」には、今年最後のマティーニとジャック・ローズをいただきに。

ここにはご近所の「とりつね」の鳥しんじょをお土産に持っててく。なーに分けてすぐ食べちゃう。はは。持ち込みってやつだ。いつも師走は土日もやってるよ、ここは。木村さんのカクテルとアケミさんの笑顔。これぞこのまちのとっとき、ぴんのバーってやつですよ、あーた。あれご存じで。こりゃまた失礼いたしやしたぁっと。

え？　いつもあんたはおなじ店ばっかし？　悪かったね、そう、わたしゃいつもおんなしとこしか行かないよーだ。はは。相も変わらない店ばかりさ。

そりゃそーなんだけどさ、店の格を相も変わらず守ってるのはえらいもんでしょ。いまの時代、変わらないということは並大抵ではないもの。ほんとはね変わってるとこはたくさんある。いいこともそうでないことも。だって、亭主の足腰が弱ってきたのを見なきゃなんないときもあるしさ。

銀座じゃね、「鳥長」さん。はじめに焼いてくれるぷりっとしたつくね。もちろん塩味。この二本で、キクマサのお燗をぐびり。旨いよー。ひとり二人で行くなら波打ってる白木のカウンターへお座りなさい。テーブルは同伴銀座嬢たちの席、ね。

でもおやじさん、去年の夏に按配悪くしてリハビリ中。息子が頑張って焼き台に立ってる。しんみりすんのもなんだしなぁーと思ってのれんくぐると、女将さんがいつもの倍、陽気な会話で応対してくれた。親孝行で夫唱婦随の店。これまた銀座でぴんの焼鳥屋、と太鼓判押しちゃう、ワタシは。

年の瀬の馴染み店ひと回りコース。なんだか毎日うろうろしてるんだけど、やっぱり銀座ときたら浅草、行かないとね。はい、地下鉄十五分で雷門にお着きーとくらぁ。

でもひとが出てないねぇ。えーどうだい。表通りはともかく横丁はいったら拍子抜けするくらい静かなもんだ。昔は師走になるといろんな市がたって、浅草の暮れの鳩は屋根住まい、といったくらいなんだよ。あんまりひと出が多いもんだから、鳩らの降りる場所もなし、だったわけだ。それがいまじゃーこの有り様だものね。すしや通りという、その名に値しない通りの真ん中に柳麺・餃子の「あづま」はございい。

ほい、セルフで栓抜いてビール持って座るとすっとコップが出てくる。いいタイミング。「純レバ」と「あれ」でグビグビいっちゃうよ。ンでかかせないのが、ここの焼豚ね。土産にしてもらう。これをパンにはさんで辛子たっぷりで食べてごらんよー。最高だよ。ソースは洋風・和風どっちでもいける。勝手に「あづまの浅草サンド」と名付けて、暮れの我が家の定番です。おやじサンドともいう。わはは。

場所がら、商店街のひとたちも多い店。若いあんちゃんが夕飯かっこんで帰る背なに、亭主の「うんとお稼ぎなさーい」の声。いいじゃーないの。浅草商い人の気っぷ。変わりませんね。ごっそうさま。

でさー、こんなしてまち歩いてると、目につくのがヘンな掛け札。当たり前のように、出来あいの札を扉にぶら下げておく新規開店の店。あるよね。

幼稚なイラスト文字で「がんこ職人が……」とか「寝る間も惜しんで仕込み中」だの「一所懸命に営業中」だと。莫っ迦じゃなかろうか。当たり前のことでしょ、いちいち宣言することか。よそ様にあれこれ指図してもらって店出すからかねぇ。客をなめてんじゃーないよ。自前の店なら意気込みくらい手前で書きやがれってんだ。なぁ。

既成の札掛けといて、そんで休憩中とはどういう料簡だい。アタシゃ、こんな店じゃ絶対に馴染まないことにしてる。美味いわけないもの。

こないだ凄いの見たよー。大塚都電沿いの寿司屋。堂々印刷されたキャッチコピーは、〝カッコイイ大将のいる美味しい店〟ときたもんだ。てめぇのことをよくも……もう笑うしかない。くだらないったらありゃしない。

話題変えよう。

そーね、年の瀬の趣向に、いちばんの酒のつまみはなんだろ、なんてどうでんしょ。

これがね、東大農学部の名物教授が実験した記録がちゃんとあるのね（『酒のさかな』住江金之著、有光書房）。なんでもご実家が熊本の酒造家だとか。

さすが東大の研究室。酒の肴になにがいちばん合うか、という大命題に、美味い不味いだけでなく科学的でなければならぬと力こぶで取り組んだ。

まずは甘・酸・苦・渋・旨・辛・鹹《シオカライ》の七つの基本味で試験して、つぎにこの七味を二つずつ組み合わせたもので試験し、かつ最後に、一般的なつまみで試験し、結果、好き・嫌い・まぁまぁの評価で採点したという。

もちろん、砂糖や酢をただ舐めるだけじゃ量が一定しないからと、舌に感じる程度の濃度にして、これを寒天に練り込み一センチ角のゼリーに。酒はビール、日本酒（甘口と辛口）、ウイスキー、ワイン（赤と白）、焼酎など各種について、酒と肴の適合性（！）を試験し、また上戸と下戸では好みも違うであろうからと、各十人ずつ分かれて好みをみた、という念入りなもの。

以下、単味のゼリーの結果からはじまるけど、いつもの肴のほうが面白いから端折って云うと、

まぁ、単味で酒のアテになるのは、つまみ塩以上のものはないようで、逆にホッとしました。そうでなくたって化学ナントカまみれの食べもんが横行してる時代。合成つまみ味新製品、なんてゾッとしますしね。

さてお待たせ、ふだん口にするつまみの結果報告。

ビールにいちばん喜ばれたのは、ハム。

バターピーナッツがこれに次ぎ、ウニはその次。チーズ、柿の種、クラッカーなどはさらにその次で、八丁味噌、塩辛などはあまり良い評価じゃない。うん、妥当かな。

日本酒甘口では、いかの塩辛が大関。ウニと八丁味噌が関脇。チーズ、ハムは少し人気薄で、ピーナッツ、柿の種は幕下。クラッカーは土俵のそと。はは。

これが辛口になると、ウニが圧倒的に人気。あとは八丁味噌と塩辛が肩を並べ、次にハム、柿の種、チーズ、クラッカーの順。

ウイスキーは、ハムとバターピーナッツが東西の大関。柿の種が関脇。八丁味噌とチーズが小結という具合。なるほど。

さーてどんどん良くなる法華の太鼓。はい、お次の白ワインは、なんと、いかの塩辛が横綱。ウニが大関とくる。そんで羊羹が小結に上り、チーズやピーナッツよりランクが上、ときた。面白いね。

で、赤ワインでは、羊羹が正大関、ウニが張り出し大関、八丁味噌が正関脇、ハムが張り出し関脇とくる。うーん羊羹ねぇ。こりゃ大番狂わせでないの。で、柿の種、クラッカー、塩辛はずっと落ち、チーズはほとんど人気がなかったという。どんなチーズだったんだろうかなー。

焼酎は、八丁味噌とウニが両横綱。ぐーっと下がって塩辛、ハム、チーズ。バターピーナッツ、柿の種、クラッカーなどはさらにぐっと落ちる、とあります。

総論は、

本当に美味な肴は日本のものにあった、こと。

ウニはいかなる酒にも合わないことはなかった、こと。

意外にも八丁味噌が極めて良い肴であった、こと。

日本酒、焼酎に合う酒盗がビール、ウイスキーに向かないのは不思議、である。

まさかの羊羹がワインに圧倒的に喜ばれ、ほかの酒でも羊羹党がかなりいた、こと。

といったところ。

昭和四十年当時の嗜好だからね、まー時代による違いは多少あるだろうけど、味覚の本性は変わらないはず。よくぞ大真面目に調べてくれました、ユニークかつ愉快な実験ですな。

もうさっそくね、案外と値の張るチーズなんかやめて、八丁味噌で試してみるべぇ、とか、羊羹は逆に高級銘柄で試してみよう──なんて、酔徒の酔興がはじまっちゃうね。アテを買うたのしみが増えましたぜ。うん。

でも、ワインもモルトもいいんだけど、しみじみ暮れの御酒っていいねぇ。そう思わない？

ふふ、ではとっておきの年越し酒をご紹介。

銀座は数寄屋橋通りの、西洋膳所「のぞみ」。

ええバーですよ。でもね、ここのカウンターには暮れンなると一斗樽が置かれるんですな。富山の「立山」。魚に合う御酒だよね。

宵のくちの一軒目。扉をあけると、おやーしばらくってなもんだ。

「今年もありますな。一杯いただきやしょう」てんで途端に年の瀬らしくなってくる。

樽酒って、コクと風味が増してるのにひんやりしてるから、こうツイーッと受け口でいっちゃいますねぇ。

ところで意地汚い酔客としては、暮れの営業終わってこの酒残ったらどうすんだろーなんて詮索してみるわけだ。

するとご主人答えていわく、

「はい、好きな銘柄なんで。持ち帰って正月の楽しみに」だって。

いいねぇ。

さーて、今宵、年の瀬の独酌もハッピーエンドでございますかな。

「ご馳走さまー」と腰を上げる。

「良いお年を──」の言葉を背中に受けながら外に出る。

木枯らしがほてり顔をさー──っと撫でていきます……今年もまー無事に呑んだくれたことに感謝、感謝。今年最後の忘・年・酒であります。

ついでに「ウエスト」のクッキーを土産にして家人の機嫌でもとろうかな……なーんて殊勝な心持ちになる、師走の酔い。

で、二、三メートル歩くと、
「明日は、どこで呑もうかなー」

（二〇一〇年冬）

［二〇二三年追記］
池袋の「かぶと」はかねてからの宣言通り、六十歳を機に店を譲って引退。ご夫婦仲良く過ごしてるんだろうな。数寄屋橋通りの「のぞみ」、「らんこんと」なんかはホテル需要の再開発で姿を消してしまった。浅草「あづま」はボヤ出しちゃってから六年も経つけどどうやら再開しなさそうだ。あれやこれやさびしいもんだけど、生々流転、刻々生起するのがまちってもの。ライブがいのち。だから後悔したくない。はい、ご一緒に……呑めるときは呑む。呑めるうちは呑む……以上。

花見電車ご休憩処案内

早いもんだね。花見は済んだかい？　おやそうかい、そりゃよかった。でもまぁこれからだって悪かないよ、遅咲きも散り際もね。

荷風散人もさ、

葉ざくらや人に知られぬ昼あそび

と詠んでる。目立って陽が長くなる季節。昼遊びなんて、おつな言葉じゃないの。ねぇ。てなことであっしゃね、今日はちょいと船頭、旗振りやるのよ。なにね、よったりばかし集まって遅桜見物しようてんです。

それも、東京でひとつだけ残る都電・荒川線でね（だれよ、東京さくらトラムでしょ、なんて水かけるの）。

このチンチン電車は、江戸からつづく花見街道に沿ってつくられたもの。はなから飛鳥山、王子の見物客を運ぶためだからね。

うそじゃーないよ、社史曰く、「明治四十三年四月十九日、満都の桜花爛漫として咲き匂ふ頃、しかも、東台、墨堤と共に花の三大名所として知られたる飛鳥山を中心事業として生れたるもの、即ちわが王子電気軌道株式会社なり」とくるよ。

略して「王電」。なにせ当時は四月ひと月で二十五万人の乗客ってぇからすごいもんだ。

はじめは大塚と飛鳥山を結ぶたった二・四五キロ。

大正になって三ノ輪から飛鳥山下、大塚から鬼子母神、と延長されてったんだけど、みーんな花と緑の名所ばっかりなんだこれが。桜の飛鳥山、紅葉の滝野川、白山・染井・巣鴨の植木と菊、宍戸子爵邸の紅葉庭園（北大塚）、そして旧中仙道わきの田圃には早春の桜草、初夏の卯の花が咲いて、そりゃ四季を通して江戸庶民の行楽コース、こちとらも素直にあやかろーでないの。

で、歩き始めは独りで江戸川橋のたもとから。

そう、荷風さんも通った江戸川公園。古桜を愛でながら神田川を伝ってね。川面にこうべを垂れてるような枝ぶりがいいよね、ここは。

そして待ち合わせは始発駅〈早稲田〉でなくて、〈面影橋〉の「甘泉園」。そうだ一日乗車券買ってねー。いまどき四百円で乗り放題。園内のあずまやに十一時集合。はい、呑んべぇ同士が素面でごたいめーん。はは。

ここ「甘泉園」は桜が枝垂れと山桜の数本だけ。これから桜見物なんだから中途半端に拝ましちゃ申し訳ないからさ。でもここは六義園を縮めたような小粋な庭園。さすが山吹の里、ひっそり残る江戸の遺産。落ち着きます。

さーて出発。え、目の前のタイ焼き屋？　買うの？　先は長いよ、乗った乗った。次の〈学習院下〉のカーブは鉄ちゃんポイントらしいけどそっち方面は不案内なんでゴメンなさいよー。はい、線路の両側を再開発真っ最中の〈鬼子母神前〉で降りて、〈都電雑司ヶ谷〉までうろうろ。お待たせ。呑めるよー。

お馴染み雑司ヶ谷霊園、旧宣教師館（たしか映画「濹東綺譚」で麻布の偏奇館として使われてた。荷風散人が隣りで眠ってるご縁なのかねー）辺りをのんびり歩いて、はい到着。

「うなぎ 江戸一」。奥の座敷、予約しといたからねー。あがったあがった。さーて乾杯――。いいでしょ、ここ。そう昼酒すんのにいいのよぉー。ご夫婦でやっててもう丁寧な仕事。この肝吸いだけでわかるってもんだ。あとね、裏手の「ターキー」って中華屋、支那そば旨いのよーほんと。今日は人数がなんだからやめるけどね、今度独りで行ってみて。東京の昔の味。ユニークな店名の由来を尋ねるとオヤジさんが「シィー」って可愛いしぐさ。東京話も面白いよ。それから次の駅になるけど「牛舌の店　多津よし」ね。次っていっても、なーにほんの数百メートルなんだけど帰りに元気があったら戻ってはいろうよ。小上がりもあるし、仙台牛に酒は剣菱、筋の通った商売してる店。最近土曜も始めたしさ。

あ、本日ご案内の店はみんな、何人かではいれて酒呑みを嫌がんないで、土日もどっちかやってて、何十年とつづいてるところ。

ほーらこの界隈いい感じでしょ、だれよ、墓地しかねぇーじゃんなんて云ってたのぉ？

任せてよ。

はーいそろそろ乗るよー〈東池袋四丁目駅〉……しっかしこの駅名、なんとかなんないかね。みんなうなずいてんね。だろー。

そういや荒川線はレトロ仕様の車両が二台走っててさ、昔ながらの木床でゆったりした造り。営業所に問い合わせれば、どこ駅には何時頃着くって教えてくれる。この辺は親切なもんなんだけどね。〈向原〉を過ぎて〈大塚駅前〉。二時半か。いや、降りれば呑むとこはいくらでもあんだけどさ、本日の呑み処は線路際が原則だしね、ちょっと待ってよ。そーね、どーしても呑みたいなら「世界飯店」。トイレ休憩もしよっかね。

都電前で古くからやってて、料理人何代も替われど馴染み客ほど旨いものが出てくる、典型的なチャイニーズ（笑）。店名通り、広東、ベトナムとメニュー色々。仲間とわいわい円卓で呑むのにいい。

そうだ、鉄ちゃんポイント、ひとつだけ知ってた。北口の「ふくみらい」ね。夕方にカウンターの右端に座ってちょーだい。ガラス越しにライトも鮮やかに都電が目の前に迫ってカーブして行きまっせ。呑みながらってのがいいでしょ。

とと、予定よりずいぶんな道草、先を急ぎますぜー。

〈巣鴨新田〉から〈庚申塚〉へ。

はい、左をご覧ください、なんと停車場内に甘味処と居酒屋が並んでるんだ。びっくり。もちろん左党のための「御代家《みよけ》」は五時半から。この時間に待ち合わせてここで乾杯てのも一案。靴を脱いで旧友たちとくつろげる民家ふうの空間が洒落てます。うーん後ろ髪ひかれつつ、降りない降りない、このまま行くよー。おいおい紹興酒二本空けたんだよー「世界飯店」でー。わーった、じゃーさ、また戻ってこようよ、ね。ってコドモか。はは。

旧中仙道越えて〈新庚申塚〉で白山通りを渡り、〈西ヶ原四丁目〉、〈滝野川一丁目〉、そして〈飛鳥山〉と来たよ。

途中で何軒か中華屋が見えたでしょ、うん、たいていアタリだよ。年季のはいった地付きの常連が支えてる味だもの。オレらみたい半端もんが昼間っからうだ上げるには十分すぎるってもんだ。なぁ。

お、正面見てよ、飛鳥山がどんと控えてるよ、大丈夫、ここで曲がるから。キミら、ほんとにはじめてなのね。ほい、では定番小ネタ。皆さまー京浜東北線をくぐる直前、左方向をご覧くださーい、つけ麺「みのめんた」でございます。おしまい。

はい、〈王子駅前〉で降りるよー。

さーて、四時すぎたから「山田屋」が開いてるはず。ここは予約いらない。広いよー天井高いよー安いよー旨いよー、と何拍子も揃った店でござい。白鷹一合二三〇円、黒松もなんと二六〇円。どーよ。

そんでな、これが不思議なお燗器でつけてくれる。銀座の「升本」とはまた違うガス式のレトロ機種らしい。こないだは中生ビール一杯、燗酒二本、半熟玉子、菜の花おしたし、ハムカツ、しめて一四八〇円だもの、さー好きなもん頼もうぜ――。なに？　前来たらやってなかった？　それ午後だろ。ここはね、朝から呑めるの。そんで昼も定食やってて近所のOLやリーマンが来て、一時にいったん仕舞。で、また四時からなの、わーった？　よろしい。んじゃビールおごって。はは。

もしここでドンチャンやりたければ、座敷が別にある。そんときはねぇ厨房に女性陣が七人もはいっててんてこ舞い。その様子をアテに一杯ってのも一興なんだけどね。場数踏んだ呑んべぇと相席になって人生教えられる名酒場であります。いまの時代、実力のある店ほど客が寄ってくる。と、混んできたから河岸変えようね。

よし、次もとっとき、王子名物その名も「平澤かまぼこ」。

ふふふ、駅から十秒。朝の十時から夜の十時まで。蒲鉾屋がやってる立呑みおでん屋さん。まずかろうはずがないでないの。おまけにビールはキリン、サッポロ、アサヒと選べるし酒は、都内唯一、小山酒造の丸眞正宗、という品揃え。どーよ。ご常連とわけ隔てないサービスもすばらしい。

春のことは「古洗」ともいうそうだよ。古きを洗う季節、いい言葉でないの。夕暮れどき、花の香り溢れる飛鳥山界隈。線路際のスタンド・バーで仲間と一献。いや十一献くらいかな、へへ。いいこんころ持ちだねぇ。みんな嬉しそうな顔してんね。新しい季節、「平澤かまぼこ」にも三代目が登場だ。見習い始めなんで毎日おばぁちゃんに優しく叱られてる。孫のユカちゃん、頑張んなねー。

そういや各駅下車「都電・餃子すごろく」てのも考えたんだっけ。

雑司ヶ谷の「中華そばターキー」、東池袋の「豊屯」、向原の「千葉家」、庚申塚の「ファイト餃子」、飛鳥山の「福楽」、西ヶ原四丁目の「金華」……さーてお立会い、大蒜効いてたり、もっちり皮が甘かったり、注文受けてから包んだり、パン生地使ってたり、都電沿線はじつに多彩な餃子を食べられるんだな。そんで〈町屋〉で京成線に乗り換えて、ほらあすこ、堀切菖蒲園の「哈爾濱《ハルピン》餃子」ね。なんたってここがあがりだろ、な。

だけどこれ、行楽じゃなくて苦行になるなきっと。わはは。でも季節は問わないしさ、どっかの雑誌が企画する前に挑戦してみない？
おーっと残念、紙幅が尽きた。なにせこの荒川線は全三十駅。もちろん終点〈三ノ輪橋〉まで辿って呑みたいよ。でもあっちかしは、どの駅も筋金入りの呑んべぇのシマばっかし。度胸も休肝日もいるぜー。
はーい、ちょうど真ん中、十五駅め〈王子駅前〉で本日は解散。元気のあるひとと戻って呑み直しぃっと――じゃまた今度ね。

（二〇一〇年春）

［二〇二三年追記］
ラーメン好きには知られた「ターキー」は残念ながら店仕舞い。当時もうご高齢のご夫婦でやってらしたからねえ。昔ながらの鶏ガラだしのあっさりだけどあとを引く逸品でしたね。近頃のまち中華ブームも、あれかね、濃厚ラーメンの多様化が極まったんで、本来の真っ当な旨味が見直されてきたのかな。ま、オールドタイマーとしては「ターキー」みたいな支那そばノスタルジーもあるんですがね。新宿「岐阜屋」の〝木耳卵炒め〟や駒込「珍々亭」の通称〝鳥しお〟の旨味の凝縮感を、若い世代と一緒に味わうっつーのはたのしいもんだ。うん。で、雑司ヶ谷霊園の近くに来たら、澄んだ空気のなかの掃苔散策もよろしいかと。荷風、漱石、夢二、鏡花、八雲、サトウハチロー……文人墨客たちが眠ってます。うなぎの「江戸一」もご贔屓にー。

本家「ガールズバー」

近頃巷に流行るもの、ガールズ居酒屋。

呼び込みコピーは「安心低価格でギャルと会話が楽しめる店」。フルーツ絞ってサワーを作ってくれるのが「生搾りサービス」で「胸の谷間がよく見えます」だと。はは。あっしの時代はコンパという業態の繁盛期。バーテン風の女子大生がお迎え。彼女らはなんとかフィズって、ソーダで割るだけのもんしかできないの。けど足元に斜めに鏡が貼ってあって、カウンター越しにちょっとだけおみ足を拝めた。

まー意気地のない若もんがつるんで冷やかしに行く盛り場の客寄せなんて、しょせん同しようなもんだね。料理や女の子の衣装なんかで競ってるけど渋谷辺りじゃ、この手の店は乱立気味。そうかと思えば本格的ガールズバーなる謳い文句の店もある。

揃いのチェックのバーテンダーベストで格好はなんとかさまになってる。でもテーブルチャージ一〇〇〇円で、テキーラ一二〇〇円、スティンガー一四〇〇円。女性ばっかしの店だよーって風俗寄りのアプローチとホテル並みの値段設定。強気だねー。でもおつまみ見て笑っちゃった。ポッキー、レーズンバター、ピザ……。場末のスナックでももっとましなんじゃーないの最近はさ。で、そこ赤坂なんだよ。バーごっこの店と思えばいいかなー。でもこれで客を呼べるほど甘かーないんじゃないのかい。ねぇ。

そんなとこにおカネ使うならさ、性根のすわったガールズバーのほうがおすすめだよ。池袋西口のさかば「ふくろ」。

朝の八時から呑める店。ここはどーんと長いカウンター居酒屋で、接客は昔っからガールズオンリー。といっても若かーないんだけど。はは。ネタバレかな。何度かご紹介してるし。でもね、ここんとこぐっと若返ってるんだ、おねぇさんたちが。ハードドリンカーのおっさんたちを上手にあしらってる光景のほうが、若もんにはよっぽど社会勉強だと思うよ。うん。

で、本題はね、まち場にある女性バーテンダーの店。

かつて住んだまちの近くを通りかかって、懐かしくて界隈をまわってみる、なんてことあるでしょ。そんでせっかくだから知ってるバーを覗いてみようか、なんてね。

いやぁ、おかげでいい酒が呑めたんだな。これが。

曙橋のショットバー「ビーニービーンズ」。引っ越す前から時々は行ったけど常連まではいかなかった。なにせ部屋は荒木町の呑み屋街に歩いて三分のとこ。毎晩杉大門祭りーみたいな濃い日々でありました。ので、目の前すぎてスルーしてた。十二年ぶりに覗いてびっくり。全然変わってなかった……店主のみっちゃん、この細腕でよくシェーカーを、という華奢なタイプ。当時から勉強家だったけど、とにかくお酒の話してて楽しいんだな。「デラウエアは皮が茶色なのに身はつやのあるきれいな抹茶色。これを生かしたくて」とつくってくれたオリジナル、器も碧が映えるようにゴブレットを使って、なかなか結構でした。それでいま凝ってるのが……と出てきたのがなんと養命酒。日本がほこる薬草リキュールときたもんだ。わはは。目のつけどころいいねぇ。じゃ次回はぜひこれでねー。

女性バーテンダーがやってるいい店紹介、お次は、富ヶ谷「リカバー」。

オーナーのリカさん、駅から離れてるし不便なとこだからとはじめは無休で頑張ってた。で、すぐに常連がついた。「近所にいい店ができたぞー」というわけだ。「十周年だからさすがになにかやんなきゃー」なんて云いつつもマイペースの風情。彼女らしい。この店は彼女の料理目当ての客が多い。

銀座のバーテンダー時代に料理も勉強してたんだ。厳しいバーテン修業のなか、なんでも休憩時間に馴染みになった板長さんが仕込んでくれたんだとか。やる気と人柄がぴしっと揃わないと、他人の面倒なんかみてくれない世界。教えるほうも乞うほうもえらいもんだ。

だから、店で銀座仕込みのマティーニをつくってると「あれ、リカちゃんカクテルつくれんの」なんて客もいるらしい。

なーに云ってんの、なにを隠そう彼女は名店「モンド・バー」で毎晩シェーカー振ってたんだよー。それが証拠にバーテンダー協会の重鎮たちが夜回り先生よろしくお店に訪ねてくるものね。可愛い弟子の様子見たさと、ここが落ち着くからだろうね。でも、「いつもうちが最後みたいで、フツーに酔っ払いですけど」。なはは、師匠かたなし。でもいい関係だね。ぬる燗の合いそうな日本酒もあるし、冬には鍋パーティもやれる。面白いね。まち場のバーはここがいいところさ。

そういえば、渋谷にも円山町を東急側へ抜けたところに、「AW」という女性バーテンダーの店があった。こんな処といっては失礼ながら、品のいいアンちゃんたちがたむろする界隈で、ここは筋のいいバーですね。「コレオス」と「玉久」とここを知ってれば、渋谷でも大人を連れて呑める、てなもんだ。ここの人見さん、常連さんとの会話聞いてると、なんだか姉御が相談にのってる感じでね。あっしは、姉御バーって呼んでるんだけど。はは。

姉御バーをもうひとつ。

地元贔屓で申し訳ないけど、わが文京小石川の「バーブ」。

オープンしてもう二十五年は経つ。割烹を営む母親を見て育った四姉妹たち、二十歳そこそこの娘たちだけでお店をだそうと相談。ドリンク担当をふられた三女のあき代ちゃん、それから猛勉強。あっという間に小石川の名店になった。

マティーニのキレがいい。ドライマンゴーが旨い。小腹がすいたといえばカレーを出してくれる。必ず店の外まで見送ってくれる。居心地がじつにいい。独身男女の率が高いけれど、仕事帰りのリーマン常連たちも多い。まちのほっとステーションとはよく云ったもんだ。

さーてここで「サービスとホスピタリティーの違いはなんだ」という話。

唐突だけど、問題。

時刻は午後二時二十分。この店はランチタイムが正午から二時半まででその間は禁煙タイム。客はいまだれもいない。そこに一人客がやってきて席に着き、「もう吸っていいでしょ」と従業員のあなたに尋ねたとする。

さてどうします？

正解は「どうぞお吸いください」。

なぜか。

「まだ二時半前なのでダメです」では、時計は見ても客を見ていないことになるんだな。

「えーもう二十分すぎてるよ。あと十分しかなくてご飯食べに来るひといないだろー」「でも規則でございますので」「ラストオーダーしめきってたじゃん」……なんて押問答してもお互いにストレスで愉快でなくなるだけですね。

その場の空気を変えられること、これホスピタリティー能力という。じつは山本哲士氏の受け売り。とゆーか曲解。はは。

「サービスの先にほんとのホスピタリティーがある」なんてカン違いもいいとこ、という氏の主張に賛成です。アタシもね、いつか山形の老舗大旅館に泊まったら、ロビー階の広ーいトイレの個室全部にピンクのテレビが置いてあった。ご丁寧に壁もピンクで統一。貼紙には「当旅館はお客様のご要望にはなんなりとお応えいたします」だって。

やり過ぎってもんがあんだろー。

マスの団体客をこなす企業努力、と評価もできるけど、ハードウエアはきりがない。そのうち古くなって飽きられるしね。ソフトウエア、つまり優秀な仲居さんも絶対条件だけどそれでもまだまだ。サービスの先にホスピタリィーがあると信じてるんだろうけど、違うよ。一見の客のわがままと顧客のリクエストは同じじゃないはず。

「お客様、どうぞお吸いください」と云えたとき、彼は一見の客を顧客に変えたのよ。

これがヒューマンウエアの真髄。

ただのソフトウエアとは一線を画すプロフェッショナルの領分です。

まち場のバーもこれにつきる。顧客をつくり出して大事にしてるもの。そして変化を恐れない。ただし客が云ったからってなんでもOKのわけじゃない。一流どころで修業してきたのはだてじゃーない。ぴんきりを区別できる技術とセンス、なにより人を見る目がしっかりしてるのさ。

「ビーニービーンズ」は最近、土曜定休にした。日曜は前からやってる。曙橋界隈は昔から独身率が高いんだけど、独身客は平日の夜呑みたいらしい。それに土曜が休みなら自分がほかに呑みに行けるし、だって。

「リカバー」もぬる燗に合いそうな日本酒やきりたんぽ鍋を出したり平気でする。それを顧客がよろこんでくれるなら、ね。自分の店の自分のお客のために。

これこそホスピタリティーでないの。

ときに腕っこきの女性バーテンが待つ、本家ガールズバーは如何でしょう哉。

（二〇一〇年夏）

［二〇二三年追記］
札幌に「やまざき」という店がある。薄野の呑み屋街が広がる大通りの手前、小さなビルの五階。ニコニコと、手品や切り絵をご披露してくれたっけ。バーテンダーでここを知らないのはもぐり。日本で最高齢のバーテンダー山崎氏は残念ながら逝去された。けど三人スタッフのうち女性のバーテンさんが一人いる。福岡の「七島」、鹿児島の「池田」も女性バーテンさんがいますね。東京の名門バー「ガスライト」も女性バーテンだけの「ガスライトＥＶＥ」を新橋に出してる。古参のバーで、本日も鋭意修行の彼女たち。ファイトー。

一杯入魂

〝魂〟といえば最近じゃもっぱらラーメン業界語となったらしい。

俺の魂の何とか系のとか、賑やかに謳ってあって、あの一杯に色んな魂が入ってて、そいで千円取るんだろうけど、さすがにラーメン屋が溢れすぎてると思うのはワタシだけかね。

そういえば昔、映画「洲崎パラダイス 赤信号」の舞台になった洲崎の近くに住んでたんだけど、ここらもいま麺業界の激戦区になりつつあるんだと。

なんで知ってるかというと、住人の時分に「来々軒」ていう、そりゃータンメンと餃子の旨い店があったのよ。伝説の「タンギョー」の店ね。毎土曜昼のカウンター席。ビール大、餃子三人前、それとタンメンかうま煮がおしきせのハイカロリー定食。はは。家族総出でやっててご常連と遠来からの客でいつも繁盛してた。

それがね、惜しくも店畳んでしばらく経ったの。そしたらあの店が復活したよーと聞いたんで、覗きに行った。看板譲ってもらったみたいだけど、全然違う食べもの屋さん。以上。で、ほかにも有名麺？店が路地のあちこちに出来てて、なんだかいま流行りのラーメンロードになっちゃってた。それなりに若い魂がいっぱい注入されてるんだろうし、わざわざ一杯のためにひとが大勢来るのは、地元には悪かないんだ、きっと。うん。でも昼前からあちこちに若い衆がだまーって並んでる姿、なんか居心地悪い感じがしないでもない。

そんなロートルたちにひとつ朗報。この洲崎パラダイス、大門《おおもん》通り沿いに、「和ちゃん」がオープンしたの。そうあの銀座の「武ちゃん」の分かれです。

紹介はいらない。〝早い・安い・旨い〟三拍子の店。これぞ入魂の焼鳥屋でござーい。

以前はね、安くて焼き上手の焼鳥屋が、「来々軒」の手前奥にあったのに、流行りのホルモン屋チェーンになってがっかりしてたところ。いさんで通ってます。木場の元遊郭、洲崎パラダイス跡のど真ん中、出来たて「和ちゃん」。正式には「焼き鳥大野屋和ちゃん」という。武ちゃんに一所懸命、教わってたねぇ。〝大野屋〟はかつて八重洲近くにあった実家の割烹旅館。せめても屋号を残したくて……と聞いた。その心意気や良し、だ。錦糸町駅前からバス一本でつながってるから一度足をお運びくださいまし。

さて前説はこのくらいで、と。

うん酒徒としちゃね、やっぱりお燗の一本、カクテルの一杯こそ〝入魂〟にふさわしいなーと思うのね。でしょ。

日本酒は冷やして呑ませるのが趨勢だから、お燗番の心意気なんていっても、近頃じゃ通じないから仕方ない。立ち退きしないよーって頑張ってたあの大阪阿倍野の「明治屋」さんも、いよいよビル入居のためいったん店仕舞いになったし。なんだかなぁ。

だいたい若いもんがあれだろ、ラーメン屋には行くけど、チェーンの居酒屋にすらめったに行かない。行くときは女子に連れられて食事しに、ときたもんだ。はいもいっかい、なんだかなぁー。

それでもこないだどっかの雑誌が「二十年通えるバー」なんて特集してた。まーその程度の年月はどこも通ったオールドタイマーとしちゃ、嬉しいでないの。そういうバーマンや道楽好きが育っていることが、さ。

昭和ひとケタの名バーマン&名店時代を経て、筋を受け継いだ三十代、四十代のバーマンがいまふうに店の意匠を凝らして、ね。

いっとう話題になってるのが神楽坂の「サンルーカル」ね。オープンが午後二時。しかも東西線で赤城神社口の目の前。土日もやってるときた。

「バー・ロオジエ」で上田師匠についてから「銀座テンダー」へお供して、と銀座で育った新橋さんが満を持して独立したところ。

師匠譲りの彼のカクテルこそ「一杯入魂」そのもの。

初めてのひとはまず驚くよねぇ。あまりにも真剣な顔つきなんだ。わはは。いやいや失礼。カクテルの真打ちと云っておきましょう。この一杯のための、あのシェイキング。

これで「伊勢藤」さんに行く前の一杯や、呑み直しのたのしみが増えた。銘吟醸&銘ワイン揃えの「酒たまねぎや」もご近所だしさ。砂糖菓子目当ての客が急増中の神楽坂で、久々の良き知らせ。ああ、呑み助万歳。

そういえば兄弟子の古田土さんはもうＮＢＡ（日本バーテンダー協会）の理事ですね。年月の経つのは早いもんだ。彼の店、銀座「バーシェイク」のカクテルも素晴らしい。

銀座はねーいい店があり過ぎて選ぶのに困るけど、師と弟子の関係はどこも同じ。

「……千人に千杯同じカクテルをつくるとする。で、二杯、不出来があったとする。でもそれを呑んだ客にはその一杯がすべて。それで判断されてお終いだ。手ぇ抜くな……」

「フランジェリコ」の芦澤さんは「いそむら」のおやじにこう教わったといつか云ってた。表現は違うだろうけど、皆こうやって鍛えられるに違いないもの、客としても気ぃ入れて呑もうと思うね。

いや、なにカンタン。

供されたら黙ってすぐに味わう、だけの話。

蕎麦は挽きたて・打ちたて・ゆでたて。珈琲は淹れたて。鮨は握りたて。天ぷらは揚げたて。つまりこのまちは「たて社会」さ。で出されたらすぐに口に放り込む。

じゃ、焼きとん屋ではなんて云う？

はい「つぶしたて」だって。

たしかにレバとか新鮮なやつは、甘くて美味でありますな。

こないだ「萌えたて」って言葉を発見。なんだろーと思ったら、〝今日から一週間が〇〇の木の芽どき。見頃です〟だって。

ちと行き過ぎでしょーよ。もっとも唐津の農民作家・山下惣一さんなんか、農薬被害とか汚染米とか話題になる度に、「俺たち農民は命がけで作物つくってる。都会のアンタたちも覚悟して命がけで食え」って叫ぶんだ。これ井上ひさしさんの前で云ったら、井上さん、椅子から転げ落ちるくらい受けたらしい。一理ある。まーしかし命がけとはいかないけれど、精魂こもってるものは心して味わいたいものです。はい。

やたら工事中が多いのがいまの神楽坂だけど、改修工事がすこし落ち着いたのが東京駅周辺ですかな。

ご存じ四時半から燗酒の呑める「ふくべ」に行くついでにうろうろしてみた。丸の内、新丸の内とたしかに立派に小奇麗に化粧直しされてた。でもそんだけ。東京駅に着く週末の金満上京組と、観光客目当ての再開発。あからさま過ぎるよん。

で、日本橋口というのを見つけて、とあるホテルのラウンジに。と此処に、あのステーションホテルの「カメリア」にいらした杉本さんが健在。散歩ってこういう偶然がある。

残念ながらダイニングがメインなのでバーカウンターはない。それでも、ステーション時代のご常連なんだろうな、なんと、カクテルをつくる彼の横でスタンディング。はは即席の立呑み場。いいねぇ。こんくらいの融通を許すホテルにも好感を持ちますな。

ステーションホテルのあのバーは、とても居心地のいいカウンターでした。列車の見える窓に、お約束の五分遅れの時計。三菱ヶ原の三菱さんの土地だから三菱製の最新のでっかい白の冷蔵庫。アールがついた懐かしいデザイン。そして昭和のクラシックカクテルと杉本さんのオリジナルを交互にいただく。いい時間だったなぁ。

翌朝早くの出張なんで、呑んだくれてそのまま泊まったこともあったけれど、湿気の具合や廊下の靴の響きとか、さすがに積年相応ではありました。

そういえば杉本さんのカクテルポーズも一杯入魂そのもの。

あの腰つきはいちど見たら忘れられない、ね。

そして数年後には、その杉本さんのオリジナルをまた味わえるという。ステーションホテルがリファインしたら杉本さんが戻ってくることになっているのだ。東京ステーションホテルのバーカウンターに。
だれがなんと云おうと、これ都会の幸福。

で、一杯入魂のカクテルといえば、やっぱりマティーニ。
僭越ながら、ここんとこのワタシのベスト5は、
湯島の「琥珀」、
神楽坂の「サンルーカル」、
銀座の「フランジェリコ」、
浅草の「バーリィ浅草」、
そして東京駅、ホテルメトロポリタン丸の内の「TENQOO」、ときたもんだ。それぞれのマティーニの呑み比べ。やみつきになります。
そんでどーせそうは云っても、オレら一杯じゃ終わんないでしょ、ふふ。はい、ほんとのシメ。最後の一杯はねー、
木村さんなら「ジャックローズ」、新橋さんの「ギムレット」、芦澤さんは「ダイキリ」、バーリィの木村さんは「マルガリータ」、杉本さんにはオリジナルの「東京駅」を、であります。

ちょっと早うございますが今年のシメの一杯。
はい、外れなしの此処らで如何でしょ。

（二〇一一年冬）

［二〇二三年追記］

洲崎「来々軒」……ふだんも昼前には行列ができてたね。仲がいいんだか悪いんだかよく分かんない兄弟が調理場で、客あしらいは三人のおばちゃんたち。一番愛想いいのが、三角頭巾がトレードマークの小太りおかめちゃんね。はは。作家の山本一力夫妻もお見かけした。隣り組だからね。自称来々軒研究家のワタシ。「来」の一文字つけば〝来々軒系〟と勝手に呼んで来たなかで、ここがキングオブ来々軒でした。四谷駅前、三筋町、西浅草界隈——だいぶん閉めた店が多いね。去年まで頑張ってた三ノ輪の「再来軒」も閉店だし。いやなにね、ラーメンだけなら、たまーにでいいわけ。元祖「来々軒」の味見したければ、新横浜のラーメン博物館とかに行けばいいものね。いまどきは。浅草に近々その「来々軒」が復活するという話も聞くしさ。でも「再来軒」みたいに、散歩の途中にのんびり気持ちよくカウンターで呑めるのが、有難かったわけでさ。居酒屋の「居」は居心地の居、そこに「酒」があれば、中華屋だって立派な居酒屋だ。はい、呑み助のへ理屈ね。はは。それで、ご夫婦とぽつりぽつり交わすむかし話も含めてさ、その店のほんとの味なのさ。これまた。

酒縁あり

酒人にとって春はようやく酒造りが一段落する季節。あちこちの酒蔵で〝甑倒し《こしきだおし》〟の祝宴が張られ、同時に桜の便りもやってくる。ヤリイカやイイダコ、イカナゴの旬味も御酒がすすむけれど、これからはアサリ、赤貝、アオヤギ、蛤と貝類がどーんと美味い。日足の長くなってきたこの季節を一句詠む、なーんて風趣も解さず、「江戸一」に口あけ早々に飛び込んで、二人前盛り頼んだ刺身とお銚子がつくのをひたすら待つ身ときたもんだ。相も変わらず意地汚い。へへ、ご免なさいよ。

で、この季節は「読む酒」が一段とたのしい。酒好きの酒好きによる酒好きのための本、ね。これを繰りながらの一杯がまた旨いんだなぁ。芝田晩成『酒鑑』にはじまり、坂口謹一郎『愛酒樂酔』、住江金之『酒のさかな』、村井弦斎『酒道楽』、佐々木久子『酒に生きるおやっさん』……たとえ下戸でも日本酒研究には必携の名著ばっかし。何度読み返しても旨い、いや面白いねぇ。

一年がかりの蔵人の苦労話や昔の呑んだくれの奇行を読みながら、会えるはずない、でも隣席でお相伴してるような、親しげな気持ちンなってくる。いや私淑なんて高尚なもんじゃないさ。はは。

でもこんな呑み方は自宅でだけ、ね。なんたって酒徒ってのは半端な呑み助が大嫌い。「そんな御酒に勿体ない呑み方すんじゃゃーねぇ、表にでろぃ」てなもんだ。

じつはさ、何べんも回想してる浅草の「松風」で、読みかけの文庫を開いたことがあったの。けど名うての酒喰らいが集う銘酒屋で、ガキが本片手に杯なんて百年早い。そりゃそーだ。その一回きりで懲りました、はい。

そんな松の字が閉店してだいぶになる。そろそろ語り草になりかけかなーと思ってたら、店が店をつないでくれた。

観音さまから待乳山、ひさご通りとひと回りしたんで燗酒で小腹ふさぎでも、とビューホテル裏の「すし468」に。

開店当初から好きな店。入ったら先客が一組。主人がにこにこして「初対面じゃないはずですけど」と云う。うん？　と思ったらすぐ種明かししてくれた。

「松風」の最後の日の話です。

「これから何処に行けばいいんだろーねー」という隣りのカップルの言葉についい「なーに

大丈夫、アテはあります」なんて調子よく請け合った（らしい）。

たしかにもう松風の替わりはない。ないけど、浅草で燗酒が旨くて肴もいけて早くから呑める店はちょいとあるよ、と。

そしたら彼らはずっとこの「すし468」に通ってくれてるんだと。「松風」が仕舞いンなって紹介されました、みたいなこと云ったんだろうな。アタシもこの店の若主人に「松風」の話はよくしてたから、風体と人相が一致したんだねぇ。これまでよく逢わなかったもんだと思うけど、ご縁なんてそんなもの。この日を選んで再会させてくれたんだな。まーその日の御酒の旨かったこと。うん、京仕込みの馬鈴薯のすり流し、芋吸いも、特段に美味しゅうございました。

こういうのが酒縁ていうのかな。

なくなった店でこれまた恐縮だけど、四谷・荒木町に「司」というバーがあったのね。杉大門通りを新宿通りから下りて左手の地下。

エノケン似の陽気な顔でね、銀座華やかなりし時代「ホーリー」とかいったかな、ある有名店で修業して、三十四年（昭和のね）に独立。といえば聞こえがいいけど、遊びがたたって色々しくじって……なんて本人は照れてたけど。

なにせここは休みがない店。盆も正月もやってた。バランタインが一杯二五〇円。好きなジャズのレコードを何回でもかけて、独酌の客はほっとく。話しかけられたら相手するけれど一線は外さない……銀座の昔話と浅草の四季とビリー・ホリデイがアタシとの接点だった。中村屋から仕入れるウインナとフライドビーンズで自慢のマティーニ、何杯呑んだことか。

ほんとに憎めない人柄で「ていちゃん」と慕われてた。よーくまぁあんな居心地いいカウンターバーをやりつづけてくれたねぇ。

そんでどうかすると明け方はスツールを寄せて、白いバーコートのまま高いびきだものなぁ。はは。此処がいちばん気持ちいいんだと。

でも後年声が出なくなってね、元祖・筆談バーさ。やがて入退院くり返すようになったけど常連さんたちは変わらずこの店とていちゃんを愛してました。いや亡くなってもずっと。

人づてに訃報を聞いて一年後くらいかな。「司」の近くにできたバーにふらりと入った。「バーDeep」。酒棚は隅っこなのにレコード棚が端から端まで並んでる。客もいなくてマスターとジャズの話をし始めたら、お好きなのをかけましょうか、と云ってくれた。

それじゃ、と「ジョージ・シアリングある?」と聞いたら「いまうちのマストアイテム」と云うじゃないの。「へー嬉しいね」と返したけど感謝が百倍足りなかった。

なんと「司」に置いてたワタシのレコードでないの。

じつは亡くなってから、天涯孤独と称してた彼の後始末をしてくれたのは、「Ｄｅｅｐ」の向かいの「べえ」のママ。店の遺品をちゃんと整理してご近所付き合いの店に形見分けをしてくれたのだという。

とっくに忘れてたレコード、この店に引き取られてた……ここなら大事にしてくれるだろーって彼女の慮り。その通りにマスターは洗って丁寧に再生してくれてた。そんである日、アタシが客になって入ってきてリクエストするという……ね。

縁は異なもの、勿体ないほどの酒縁。

不思議といつも連れの女人を気に入ってくれた……あれが案外ていちゃんのとっておきの銀座仕込みだったのかね。いまとなっては聞けないけど。

今年で十三回忌。

久しぶりに「べえ」で思い出話。バランタインをお代わりしたらせっかくだからと、「司」のグラスで出してくれた。二個しか残ってないうちのひとつ。嬉しいねぇ。

ぶらっと荒木町で呑もうと思う晩がある。ひとりで呑みたいとき、昔に浸ってもいいなと思うとき、問わず語りを聴いてくれるバーカウンターがあるまち。

さながら銀座紳士倶楽部だった「マリー」を筆頭に「ピガール」、「こくている」そして

「司」と筋のいいバーが揃ってた界隈。さすがにいっとう古株だった「マリー」はもうない。でもね「ピガール」も「こくている」もあるし、「バーＤｅｅｐ」も二代目になり真空菅アンプも健在。そしてもちろん「べえ」も元気でやってるよー。花街の名残りはもう望めないけれど、長屋所帯のあったかさ、というのかな、流行りもんをチラつかせて、いまふうの自分を装いに行くまちとは違うのさ。

でもね、年寄りじみたご縁ばっかりでもないんだな、これまた。

いやこないだね、例によって口あけ時分から八重洲の「ふくべ」で呑んでたら、何度も電話が鳴るの。どうやら道案内を聞いてくるんだけどそれがひとりじゃない。この店で待ち合わせしたトンチキたちが銘々別のところから掛けてくるわけ。落ち着かないったらありゃしない。思わず「なんだかなー」って隣りの客と顔を見合わせた。

それで「歩いてくるんですかね」とか「子どもじゃないんだからー」なんてぽつぽつ話をし出した。

見た目は二十代後半、それまで呑んでた物腰で酒徒合格と判ってたから、安心してたまさかの会話をたのしんだ。呑み屋で初めての相手と話すなんてめったにないんだけどね。

そしたら予想通りというか予想以上というか、日本酒をこよなく愛する呑んべぇでありましてね、しかも今日は出張で上京、一杯やっていまから新幹線で帰途につくんだとか。

東京駅から帰るのに「ふくべ」なんて最高のロケーション、よく見つけたねーって云ったら「何となくカンが働いていい店にあたること多いです」と、控えめながら酒場ハンターをアピールするでないの。わはは。なんだか昔のアタシみたいだーなんてね。

それでこれまためーったにしない名刺交換したら、なんとこんなささやかなワタシの筆名を知っててくれた。で、丁寧な礼状をもらい、以来彼が上京するときに酒場案内という大げさなもんじゃないけど、ほんの道しるべを教える仲になった次第。

なんでも三重からというから、酒質も流儀も違う東京の酒をたのしそうに味わってるのがこちらにも伝わってくる。地元の酒の話も聞かせてもらう。何よりの肴でありますな。

もちろん沈思静考の酒も心得ているので気遣い無用、適量過ぎたらこちらは途中で帰ってしまう。したり顔の先輩ほど酒場に無用のものはござんせん。

而してわが酒縁あり独盃亦楽しからずや……春宵一刻価千金……なんてな。

(二〇一一年春)

［二〇二三年追記］

四谷荒木町界隈は、住んでもいたからずいぶんと小祭り酒を呑んだまち。もともと新橋と同じように軍人さんの慰安場所があり、銀座が終わって呑み足りない紳士たちを引き受けてもいたまち。だから、夕方の口あけと一時すぎからの二部構成の呑み屋街、であります。和洋、エスニック、バー、スナックとなんでもあって懐が深い。徘徊するにちょうどいい面積のまち。つまり、独り酒修業に向いてるまちなんであります。

ガード下がお待ちかね

鍋だねー、おでんだねー、うーんあったかいもんが食べたいねぇ……とつぶやきつつアタシはいま、神田川の新常盤橋を越えたところ。朝から新橋駅の第一京浜の端ンとこからずーっとガード下をてくてく。はは、閑なんだねー――って。

なにせ新橋、有楽町、東京駅、それから神田、秋葉原、御徒町、上野まで歩こうてんだから、ここらで水分補給しないとなーと自分に云ったわけ。

で、あるよー。神田駅西口ガード下、十一時からやってる「大越」でひと休み。「ほい、大瓶と肉豆腐ねー」。

やってるやってる、昼から呑んでる日本のお父さん達。ここはカウンターがない分広くて、そう、初詣に行くと境内に並んでるあの屋台をつなげた雰囲気。相席の間隔が程よくて賑やかなのにくつろげる。そんで夕方今度は逆に上野から新橋に戻ろうってわけ。もちろん帰りは電車でよ。ずっと地つづき、いやガードつづきのはしご酒。山手線ガード下「てくてく呑み」と申しまーす。

ガード下の定番、とりあえずの煮込み・デカい掛け声・パイプ椅子ってのがいまひとつ、みたいなことという輩がいるけど、それでいいの。

夜店や屋台に高級感求めちゃーいけない。ガード下の酒場はさぁ、独りで良し、同僚と先輩と部下と良し。で、女性同士も観光客も良し、みーんな受け入れちゃうのが良しだよね。お静かにーなんてセリフはここじゃ野暮助、このさんざめきと一体感こそ売りだかんね。え、そんなの当たり前だ？　はは。おみそれしやした、先輩通ってるくちだね。よっしゃー、お燗くださいな。

で、新橋・上野のガード下を往来した感想はというと、やっぱり古のれんに限るねー。新橋「羅生門」、有楽町「日の基」、「新日の基」、神田「大越」、お隣りの「升亀」、上野「たる松」。呼び込みしなくても席が埋まっていくものねぇ。時間のしみ込んだ空間と名物料理とテキパキ従業員。昭和の三点セットが新興店を圧倒してる。当然だけど。

ガード下の店って内装や広さは制限付きで仕方ないと思うでしょ。ところが大箱で、二階もある店が多いの。で、昼から宴会ってわけ。天井が低い処は小奇麗な座敷になってたりね。工夫があるよ。それに上を通るガタンゴトンの音は車両の改良なんだろうね、昔より相当静か。意外でしょ。

あの新橋一丁目ガード下の煮込みと焼きとんの「羅生門」だって、一見窮屈そうだけど座ってしまうとなかなかの居心地。年の瀬に独りコップ酒でぼーっと出来る穴場。それに、たーっぷり酒が染み込んだカウンターとか、燻されて飴色になった壁と天井なんて、おいそれとは誂えられないものね。

老舗の料理はじつに昭和の日本人が愛した味覚。地方出の店主たちにとっちゃ、まだ季節感と郷土色を出すことが誇らしかった時代のものなのね。

神田ガード下の双璧「大越」、「升亀」の品書きなんて、刺身、焼き魚の充実ぶりは当たり前、うるめいわし、ままかり、いか汐辛、いなご、しゃこわさ、とかポテトサラダ、蛸ぶつ、ハムカツ、ゲソ天、川海老唐揚、あじフライ、しじみ汁……とくる。酒は大瓶も大生も燗酒もとびきりお得と決まってる。「升亀」なんてバーボンWで三八〇円だぜー。これで文句云う奴はハナから連れてかないっと。

そんで長年つづいてる店は何処も、おじちゃん、おばちゃんが頼もしいの。チェーン酒場にも切れのいいあんちゃんはいる。けどマニュアル感がぬぐえないね。刻んだしわやしぐさに年輪を感じさせる白割烹着のおやじさん、いるよね。動作のキレはちと物足りないけどさ、背中で「まーぼちぼちでいいでないの」と云ってくれてるような、ね。上京して小僧っ子の頃はがむしゃらに働いたであろう人生の先輩たち……分かるかなー。貫録勝ちですなー。

もひとつ、ガード下酒場はね、二軒目との出会いが待ってる。これがいいんだ。なにせガード脇も横っちょも店だらけだから、はしご酒がたのしいねぇ。「大越」や「升亀」のあとは南口の「があどした」でお任せワインもオツなもの。店名もふざけてるけど、店主はソムリエでなく呑ムリエ、だと。はは。

「日の基」、「新日の基」は有楽町じゃー有名もいいとこ。元祖「日の基」は演劇系の常連さんご用達。半地下でロの字カウンターとテーブル席で和気合いあい。かつてのゴールデン街の連帯感を彷彿とさせます。これからの季節はあつあつ鉄鍋のニラ玉やねぎま鍋をおすすめ。それと「幻の酒　ホイス」はぜひお試しを。

東京発祥の三大呑みモン＝ホッピー、電気ブランはご存じだろうけど、もうひとつがこのホイス。ウイスキーとハイボールとビールを合わせたような、優しい味がしますよん。「新日の基」のほうはこれまた観光外人客が外まではみ出してるからすぐ分かる。ここも二階と半地下とあって、ボリューム満点で正しい居酒屋料理を供しつつ、いまどき珍しくなった特大の生ジョッキや生ギネスが旨かったりします。ハイカラな仲間とお祭り気分を買いに行くなら「新日の基」ねー。

有楽町ガード下二軒目は、東京駅寄りの「カウボーイバーＢＯＲＯ」でバーボンがいいな。いまどきテンガロンハットで迎えてくれる店、ほかにない。

上野アメ横ガード下の「たる松」は、四斗樽から注いでくれる升酒の旨さね。ふちに塩を盛ってさ、樽に書いてある「うた」を肴にしてさ、独り呑むいっとき、がたまりませんな。界隈の次のおすすめは日本酒のレベルをあげて純米酒がウリの「夜行列車」ね。ここは四時から開いてます、ふふふ。

そんでさ、総武線秋葉原ガード下にはワタシのとっておき「真澄酒蔵」。〝真澄〟は、名店だった浅草「松風」の酒徒達が愛した長野の酒。ここは小体な酒場だけど、つまみがいいの。なめろう頼むとその場でたたきがはじまるし、豆腐がちゃんと昔の大豆の味がする。それに真澄を常時十種類も置いてある店はここだけじゃないかな。で「真澄酒蔵」のあとは、のーんびりガード下を伝って、てくてく、ふらふら、てくてく……そして両国駅東口。

ワタシのキングオブ立食い蕎麦屋「更科」で、冷酒とかき揚、手打ちせいろで〆るんだけど、そんときは洋酒が呑みたくなってね。「真澄酒蔵」の近くにたしか「ラグーン」ていうショットバーを発見してね、洒落の分かる若いバーテンさんの店だったなー。即興カクテルありがとーね。

ところでさ、近頃はなんか煮込み、焼きとんが人気メニューらしいけど、大鍋で一緒くたにするのは、暖をとるのもけもの除けも調理も、たき火や囲炉裏しかなくて家族で唯一だった大昔のものね。でも、ごった煮は原始的な料理法だけど、大鍋でつくるから旨いんであって、一人前のけんちん汁なんて、ほんと云うと美味しいわけないものね。

ハレの日の料理は、ほとんどが大鍋料理。日本人の味覚の郷愁は依然として大鍋にある、ということかな。

それから下町独特の煮込みとか云われる町屋の「小林」、門前仲町の「大坂屋」、銀座「さもと」あたりの、あの串にさした煮込みは、もっとあとに生まれた文化だよな。めいめいで煮たり、煮加減の違いを味わえるのは、串あればこそ。

中国、韓国と違って日本人は、元は使ってたスプーンを捨てて箸だけで食することに特化したから、唇に触れる器の触感や串の素材を大切に洗練させてきた。団子や焼鳥の竹串を口にあてて外す瞬間こそ、醍醐味だよねー。そういえば中国にはたしか、五平餅やきりたんぽみたいに串にデンプンものをさした料理がないねー。中近東のシシカバブやブラジルのシュラスコも串使うけど、金属のおっきな奴ね。日本人にはあの口に金っ気のあたるのがどうも、ね……杉、黒文字、竹と食材に合わせての串文化であるな。

そしてさらに忘れちゃいけないのが、炭火の普及だ。七輪があって小鍋で調理ができるようになって……おでんも、鰻も、ハタハタも、きりたんぽも、五平餅も串カツも焼鳥も、みーんな串と炭火の工夫とで生まれたわけだ。串文化ってじつに日本人の宝もん。な。

その日本人がいま疲れてる。ストレス、ストレスまたストレス。だれもみな日々の休息を必要としてる。でもね、ささやかでいいのよ、毎日なんだから。ほんの小祭りってのがミソ。いつもの酒場のいつものカウンター。女将さんとの二言三言でほっとする。でもときには、も少しはしゃいで呑みたい日もあら－な。そんときはガード下の祭り場に繰り出そうでないの。

都心に残った最後の昭和がガード下だと思う。すこぶるつきの銘酒や料理が揃ってるわけじゃ－ないけど、元気な頃の原日本人に戻れる場所でぃ。

たそがれどき。やっと自分本位を過ごせる時間になったおじさんたちと、男文化侵食を満喫する近頃のナントカ女子たちとが、いい塩梅に線路下でランデブ－ときたもんだ。

はい。今宵はガード下酒場が、あなたをお待ちかね－。

（二〇一二年冬）

［二〇二三年追記］

てくてく、ガード下を伝っての「給水所」探しはたのしい。高架下から見上げれば、いまどこが盛ってるかすぐ分かる。ＪＲと一体化した商業資本の嗅覚は鋭くって外さない。つぎの再開発は此処、とたちどころに変身させてしまう。秋葉原「マーチェキュート」しかり、御徒町

「2k540アキ・オカアルチザン」しかり。ぴかぴかの呑み処も必ず併設されるのがいい。ノスタルジックを感じたいならもっぱら古くなった山手線の駅と駅のあいだね。神田駅、上野駅、御徒町……さびれ具合とまちの年輪がぴたりと合ったまま。おいてきぼりとも云う。はは。

立呑みでも・しか

やつがれの贔屓にさせてもらってる立呑み屋をご紹介の巻。

とっとと行こう。まずは神田駅北口か東口を出てすぐのガード下、「伊勢」。

ここは焼鳥で一杯やれる立呑み屋。ここ十年で神田のパワフル・サラリーマンのイメージも様変わりして、「コーラク」とか昭和の懐かしい老舗店がかつてほど賑わっていない。そんななかで気を吐いてるのがここ。早くて、安くて、旨くて、店名通りにすこぶる威勢がいい。正真正銘、その日の朝しめて捌いた地鶏を使うこの店は、夕方五時半になりゃ皆勤賞の常連さんでカウンターはすぐに一杯。二人連れはお二階へー。焼き五本セット八五〇円に、お新香二五〇円、冷やした菊正の上撰がグラス三五〇円。めいっぱい受皿にこぼしてくれるし、お新香が串に刺してあるのが愛嬌。で、しめて一四五〇円也ときたもんだ。薄利多売の典型。だから立呑みは長居しない。回転よくしてあげないとねー。鶏好きのワタシの大好きな一軒でござーい。

ほい、立呑み焼鳥屋の次は、立呑みおでん屋、王子の「平澤かまぼこ」。前に花見電車のときにも寄り道したかな。ここはなんたって蒲鉾屋がやってる立呑み屋。つまり、いまどき機械使わず石臼で白身からすりつぶして混ぜ物入れない自家製タネ、で一杯やれまっせーの店。それも朝十時から。土日の朝からもう皆、元気で呑んでます。ここは、お兄さんたちの客への気配りがバツグンなんだけど、女将の気風とおしゃべりがまたたのしくってね、代々のバイトくん達にはすごくいい人生訓練場。女の子たちもお嫁に行っても必ず挨拶に顔を出してくれるんだと。生ビール大四〇〇円、「丸眞正宗」コップ三〇〇円、サッポロ「赤星」なんてのもあるよ。おでんは昆布三〇円、生姜揚げ八〇円から百円、二百円の世界。真夏だけは日曜休むけど、あとは基本無休。こないだ隣りの客が、「最近蒲田からここに越して来たけど、住みやすいです」と云ってた。京浜東北線でつながってるし、町工場の感じ、立呑み屋の構えが似ててほっとするってことかもね。王子製紙があったし、もともと夜勤あけの職工さんが多かったところには、朝開いてるとこが必要だった。かつての特飲街の先には、やっぱり朝から呑み助の集まる「山田屋」がある土地だからね。

王子は飛鳥山と卵焼きだけが名物じゃない。もつ煮屋とキャバレー通りの頃知ってるひと──。

なはは。立呑み屋もそんな中で育ってきた文化だよね。

対しまして三番手は、山の手の立呑み屋。茗荷谷駅の真裏に「飲み処 皆吉」がございい。ここは全品四〇〇円均一。毎朝築地に行って仕入れてくるといぅ誠実なご主人の料理が、なかなかのもの。刺身から煮物、揚げ物、ラタトューユまで、酒のアテにぴったりのものが揃ってる店。最近の立呑み屋は肴がいいよね、いい傾向としてね。

ごく浅漬けのザーサイや豚バラ煮込みがあったらぜひお試しを。これからの季節は、この「辛ハイ」と「かち割りワイン」がおすすめ。くぅ——っといっちゃうよ。場所がら女子学生やらOLやらも多くて、いまどきの明るく安心な立呑み屋ですな。

お次は、これぞ立呑みの正統派、東池袋の「二合」。これ以上のロケーションはないだろーというくらい、なーんもない場所にある。いまでこそ池袋駅から歩いて六つ又交差点へ……なんて案内できるけど、わざわざ立呑みにここまで来る奴ぁーいないよ場末に。ははは。

でもそれが立呑み屋の原点なわけで、ほら、西部劇で埃っぽい街に必ずあるスイングドアのあのバーね。知らない顔が入って来たとたん、ヤバイ雰囲気が漂う……なんてそこまでじゃないけどつまりローカル倶楽部、ということね。

英国パブもそうだしパリのカフェもそう。別によそ者が来たっていいけど、とくに増えてほしくもないしね。そんで仲間になりたかったら、みえないルールを少しずつ覚えていって自分の居場所ができていく……そういうものでしょ、地元の酒場って。

で、ここの肴は乾きもの、ソーセージ、バタピー、缶詰百円から、と酒屋の角打ち感覚のたのしいモンがぶら下がってるの。渋くてイイ顔した旦那が料理好きらしく、椎茸肉詰め、ぬか漬け各百円とか、美味いのよこれまた。値段はもう推して知るべしの世界ね。酒は、和・洋いいのが置いてある。「日本のバーボン」なんて珍しいのも。これまた旦那のこだわりかな。十人入ればいっぱいの、たそがれどきに近所の旦那衆とママさんたちが談笑してるのが絵になるスタンド・バー。そんで壁に貼ってある言葉は、「朝は、希望に起き／昼は、努力に生き／夜は、夢に眠る　店主敬白」……これぞ国民酒場でありますなぁ。

そしてここと大違いに大箱なのが、上野の「たきおか」ね。

年中無休、朝七時から。常に四十人から入ってるよねー。カウンターだけで三十人以上入るでしょ、つくり付けの壁テーブルと大樽テーブルで、どんだけ入れるんじゃーって感じ。

兄弟分の赤羽の「いこい」も広かったけどいま改築中で、近くに出来た仮店舗がこじんまりしててホール全体が見渡せて新鮮だ。神田の「コーラク」の一階と同じくらいかな。十二、三人のカウンターとテーブル席が四つくらい、実は呑み助としちゃーこれくらいの空間がちょうどいいよね、立呑み屋さんて。

にもかかわらず「たきおか」の店内はひとで溢れてる。いや逆にひとがいるから集まる、みたいな。

従業員も仕込みのお兄さん、調理のおばちゃん入れて十人はいるし、袖すりあって肩ふれあいながらが居心地いい。さながら「閉じた夜店通り」ときたもんだ。

もちろん、ビール大瓶三九〇円、一八〇円からのつまみの豊富さ、アメ横おかげ様の刺身の安さといった有難さもあるがね、それだけじゃない。向かいや隣りの最近の真似っこ店もご繁盛だけど、「たきおか」にはそこと一線画す違いがある。それは、朝七時から誰のために店開けてるんだ、って話。ここ肝心。

近頃は立呑み屋がやたら増えてるけど、安ければ客が入るかというとそーじゃーない。朝から呑んでる連中のなかにはね、たとえば介護福祉のきつーい仕事一晩中やってさ、ここで一杯やるのが日課って客がいるのさ……憩いの時間がなきゃやってられないでないの。なぁ。「またあの六号棟のじいさんがね……」とか仲間とささやかな宴をやってる。

愚痴のひとつくらい許そうよ。

かと思うと、焼きとんを黙々と食うあんちゃん。フツーは串一本ずつ食べるもんだろ?

彼はひとつ食べては次の串へいく。レバのあとカシラ次がハツ……五串揃って一個ずつなくなってく。なるほど肉の個性を交互に楽しむのね。ホッピー一杯呑んで十五分ですーっと出てった。よそ様にはどーでもいいけど彼には儀式なんだ。一日の終わりの。

そうなのよ。ここでしか呑まないひとがいるのよ。

ここでも入ってみるか、というフリの客とはえらい違いなんだよ。「でも酒」より「しか酒」のほうが上品《じょうぼん》さ。

てなわけで、恥ずかしながらマイ立呑みベスト5を足早に挙げたけど、同じ立呑み屋でも、朝・昼からやってる店は、かつての夜勤、あけ番のひとたちのオアシスだったのね。懐具合だけじゃない。ここにオレの居場所がある、と思えるからだよね。

「たきおか」はそこを心得てる店。立呑み屋でも、夕方から開く店は、カタギの勤め人の店だ。これはだいぶ後から生まれたもの。朝・昼開いてる店は、カタギでないひと、朝昼の時間が逆転してる仕事のひと、のものね。寅さんの「よぉ、労働者諸君ー」てなもんだ。だから「今日は立呑み屋をはしごしよう」なんてのは道楽もいいとこ、贅沢なんだよ。それができるのは幸せなんだから何も云わないけど、ちっとは心して酒を呑んでほしいのね。近頃は朝仕事に行くとき、駅のベンチでくてって疲れて寝てるひと見かけるでしょ。徹夜の仕事あけだよね。あー明日のオレかも……なんて思わない？　そんな時代だよ。

立呑み屋に入れない日だってある。そんなときにはコンビニの店先の、あのスタンド看板ね。デコボコ電球が付いてるのは具合良くないけど、取扱銀行やサービス描いてあるやつは、ちゃんと缶ビール置けるの。つまみ片手にコップ酒、ちょこんと置ける。これぞ立呑み場。仕事帰りの仲間とのこの時間が貴重でないの。

ところで今年も猛暑なのに、なんで焼鳥やおでんで一杯やるのかだって？　それはねー冷房が苦手なひともいるの。

職場の空調でいい加減体がおかしくなる。で、仕事がひけたら立呑みめがけて一目散。焼き台の煙モウモウやおでんの湯気を浴びながら徐々に体温が戻ってちょうどいい。

もちろん焼き手の大将、鍋の番頭はもう汗びっしょりよ。そうでなくてもカウンターの向こうはめちゃくちゃ暑いもの、ま、その一所懸命ぶりをサカナに喉をうるおす有難い一刻でもあるんだけど。

夏こそ立呑み屋だよ。カウンターへはい、あったまりにいらっしゃーい。

（二〇一一年夏）

［二〇二三年追記］

立呑み「晩杯屋」のリストにはロマネコンティ〝¥4、500、000〟とある。時価だから毎年ちょっとずつ値が上がるのが面白い。しかも〝完全前金予約制　イカフライサービス〟だって。まあシャレだから置いといて。さて呑み屋・料理屋でね、いちばんの贅沢品て、なんだと思います？

それは、割箸。どんな高級なレストランでもナイフやフォークは使いまわしでしょ。割箸は、ただ一回のためのもの。おそらくは世界中でいちばん清潔で、孤高で、贅沢な道具ですね。

そして、金持ち客にもビンボー客にも同じものが出される。割箸は身分差別しないんだな。

そんな有難ーい割箸の、立呑み屋における置き場モンダイ……ふとしたすきに、お通しも料理皿も下げられて目の前にはビール瓶とコップだけ……手にしたこの割箸どーするよ状況。はは。コップのふちかビール瓶のてっぺん？　やじろべぇだな。おしぼりにのっける？

お台場の砲台みたいだ。カウンターの端に突き出しとくか。いや隣りに切っ先向けちゃダメだよー、武士の世なら斬り合いになるよ……呑み助、実践の極み。酔眼でマイスタイル、あれこれ思案しとくれ。

浅草宵待ち散歩

なんたって空中楼閣《スカイツリー》景気なんだ、いま浅草は。三が日もね「凄い人出だった」ってチョンマゲの饅頭売りのあんちゃんも、神谷バーの四代目も口を揃えて云ってたもの。でも聞いたかい、「とうきょうスカイツリー駅」って。「名にし負ば　いざ言問わむ　宮古鳥」の在原業平の「業平駅」だよ、そんな変えちゃっていいのかいな。と思ったら「東武伊勢崎線」まで「東武スカイツリーライン」にしちゃうんだと。そういや東武動物公園ができたとき、「杉戸」駅が「東武動物公園」駅になったの覚えてるからこりゃ社風だな。ノリがいいねぇ。

でもね、ツリー詣での帰り浅草寄ったひと達がきまって「浅草は夜が早くて」って云うけどそんなこたぁーない。そんな御仁のための、昼過ぎからの浅草案内でござい――っと。

まず待ち合わせだがね、定番の浅草一丁目一番地「神谷バー」はツリー景気のしばらくは約束できないねー。で隅田川沿いの「ムルソー」がいいよ。唯一大川を眺めながらお茶も甘いモンも、酒も呑めるしね。これからの季節は最高よ。それから腹ごしらえでございましょうが、名物に旨いものなしと申しますが、浅草の場合は安くてほどほど旨い店が多うござんす。外れもない替わりにぴんの処もそんなに……というビミョーな。いやないことはないのよ、寿司の「松波」とか、鴨の「鷹匠 壽」とか、料理屋「鬼平」とかえらく上等な店もございます。けどやっぱり敷居が高くないのが浅草の身上だよね。初代伝兵衛さんがはじめた「神谷バー」もそもそも一杯七銭の立呑み屋だし。

と思っていただければ、たいてい案内に載った店でよろしいんじゃないでしょうか。好みで云わしてもらうと、釜めしなら「むつみ」「二葉」「鳥平」、蕎麦は「翁そば」「並木藪」「長浦」「甲州屋」、中華は「あづま」「龍圓《りゅうえん》」「菜苑」、定食なら「ときわ食堂」「水口食堂」。あとね「桃タロー」の焼きカツや「光家」の串揚げも……てな具合だ。あくまで仲間と連れだって一杯呑み屋として使える店ってことでね。

たとえばさ、三時すぎたら並木の藪に行く。蕎麦屋の三時酒ってね、この時間は観光客がいない頃合い。いてもいいけど。独り呑むなら菊正四斗樽の真ん前の席。この時期そろそろ品書きから外れる鴨南を注文。蕎麦をサッとやっつけてから、あつあつのつゆとネギと分厚い鴨肉。ふふ、これを交互にほおばりながらお銚子ひやを三本。いいこんころもちになって表に出ると、雷門前の人混みと人力車の掛け声。今日はお上りさんを決め込んで浮かれよーかいなーなんて気分になってくるよ。これまた。

東京のどこ探しても縁日がこんなに多いまちはないよ、うん。「物日《ものび》」ね。昔はそういう云い方したね。一年中お祭りのまち、こういうなんとか詣でのときがいちばん浅草らしいや。ほい素見《ひやか》し、素見しっと。

じゃー国際通りを端から攻めてみようか。先にご紹介の口もあるけど堪忍ね。まずは国際通りと田原町交差点近く、煎り豆の「ほていや 中塚商店」ね。都内にまだ何軒か煎り豆屋が頑張ってるけど、アタシャここのが塩がきつくなくて好き。素揚げの落花生はいくらでもいける。製造元直売だからね、買ったそばから袋開けて……も許されるでしょ、物日だもの。ははは。

そんで言問通りに向かって右左見渡しながらぷらぷら。覗くのは、レコード屋「ヨシダ」。七〇年代、八〇年代の懐かしいCDがいまだ当時のまま積んである。その先には煙草屋「丸金」。昭和のこれぞ土間、たたきの床に、左右に並ぶガラスケースの立派なこと。タバコ博物館ですなぁ。江戸の風情まんまの「翁そば」といい、現役の建物なのが嬉しいね。

そういやビューホテルの真ん前にホテル京阪ができた。この頃浅草のド真ん中にホテルが増えてる。ちょっと驚く。馬券売り場の裏にはリッチモンドホテルだって。それに楽天地跡にはさ、ドンキがドンとビル建てるって噂。ドンキってAKB48のスポンサードしてんでしょ、おもろいハコつくってほしい。頑張ってほしいよね。お祭りお祭りぃーってね。

さーてちょいと早い夕餉で一杯やるなら、どぜうの「飯田屋」はご存じだろうけど、うなぎと焼鳥の「鍋茶屋」は入り易くて大勢でもおすすめ。通りの反対の二本裏手にひさご通りが平行してる。中華の「日進」、蕎麦の「甲州屋」は古株もいいとこだね。角のディスカウント「金生堂」に並ぶ品物は面白いよー。このまちならでは。

左手にはすき焼き「米久本店」の太鼓が聞こえる。上がるお客さんの数だけ鳴らす。バー「甘粕」の名物女将さんはついこないだ亡くなった……合掌。

向かいの「イマショウ」もカレー屋もなくなって更地になってる。「正直ビヤホール」だけ切り取られたみたいに残ってる……移り変わりは世の常ですが、ここんところ浅草界隈の朗報は、若いバーマンが育ってきたこと。オレンジ通りを雷門通りからはいってたぬき小路を左に曲がればあの「バーサンボア浅草」がへい、お待ち。

なにせ午後二時から開いてるからねー使い勝手のいい店ができてなにより。呑み仲間の待ち合わせはここで決まりでしょ。で、そろそろバーの開く刻限だし、いざご案内。

ひさご通りを言問通りに出て右手、「ＰｏｒｋＢａｒ ＢＯＯ」だって。旨い生ビールとハムをつまんでここで本日の浅草の印象を語り合うってのどうかな。ここは「ＦＯＳ」の森氏の女将さんがやってる立呑みバー。「カルボ」っていうパスタ屋も近所に出したり「ＦＯＳ」チェーンなんだか張ってるよなー。地元のご常連が多いからここを足場に、地元情報を仕入れてからいざ出陣、てのもいい。行きつ戻りつってね。国際通りにもどれば「うな鉄」のビルの七階には、「バー──ねも」の古参、小倉氏の「オグラ・イズ・バー」。浅草でいちばん眺めのいいバー。クラシックなカクテルだけでなくて厳選モルトコレクションがお得に呑めます。なにせあの初代マスター根本氏、直伝ですからね。

雷門通りに引っ返すとスタバをはいってちょいとややこしい場所だけど、雷門二丁目のバー「ズール」。

マンションの一階にあってね、気のいい兄貴ンちに遊びに行ってカクテルご馳走になる感じ。まさにホームバー。こじんまりした空間なんで一見さん同士で妙な間合いができることもなきにしもあらず。けど腕前に免じて許してね。ひと工夫あるカクテルと丁寧な料理がいいよ。

はい、まだまだー。千鳥足で言問わむ、いや墨田公園沿いを言問橋に向かってふらふら。公園角、花川戸二丁目には「BAR DORAS」の灯り。

店名は「扉」の意味で、魅惑の扉、花川戸の「戸」とかけてるようですな。ヨーロッパに買付に行くのが大好きという中森さん、ダンディで物腰が柔らかい。そしてディテールにこだわる派。カクテルの味にも内装にもよく表れてます。銀座に負けてない、いや安紳士のはびこる銀座より格上のバーが、この浅草に増えてるのがいい。うん。

このまちのバーがよそとなにが違うかというとね、バーテンさんたちがこのまちの昼間の生活、路地裏のなりわいをよく知ってること。

バーは夜からの商売なんだけれども、昼の顔とつながってるというのかな。好きなまちを大事にしてる感じがするものね。だからバーの帰りがけに「シメはどこがいい」と聞けば、評判のラーメン屋の裏注文の仕方とかおせーてくれるわけさ。まちっ子情報に事欠かない、それが浅草。

ということでまだ宵の口。なにせ吉原なぞというところは午前二時がお引けだった。十時、十一時は宵のうち、が当たり前ってもんだ。観音さまの表通りと仲見世辺りだけ歩いてたんじゃしょーがないよ。少しだけ歩けば夕飯のあとどこへ行こうなんて悩みなし。贔屓の引き倒しで云うとね、地元高校でつくる蜂蜜をカクテルに使う東向島の「Ｂｅｅ」や隣りのハム工場の生ベーコンが出てくる駒形の「ザ・ホームズ」やらまだまだあるよー。六区に戻って「オレンジルーム」で腹ごしらえか、「トラットリア・フクヒロ」の横っちょの「バーフクヒロ」でワインでも開けますかね。どっちも料理が旨いバーで、いま時分は地元のおねぇさんやカップルがわいわい呑んでるはず。それとも「バーリィ浅草」にて木村氏の〝本日の佐野カクテル〟にしますかねー。

というわけで浅草界隈宵待ち散歩、このへんではい、すみだがわ。

（二〇一二年春）

［二〇二三年追記］

浅草の表、すなわち観光客相手の商売の顔がひさご通りまで。ひさご通りを抜けて言問通りを渡った一帯が、地元民のほんとの呑み食いどころ。そう、八時すぎてからが浅草の奥の顔なんだね。見番のまわりの店構えも、灯りが点くとどことなく婀娜っぽい感じがするもんだ。吉原大門へつづくから玄人ぽい店が増えるのも当たり前だけど。初手はね、案内役と一緒のほうが安心かなー。はいご開帳ーご開帳っと。

居酒屋の相思相愛

ツウ・フーシェン先生が来訪された。十年ぶりである。突然にしかもたっぷりと貫録をつけられて……いやぁ、長逗留を決め込まれて参った、参った。

ン？　ご同輩ならピンと来るんだけど、ははは、持病の痛風のこと。ここんところちょいと油断してたからねー。来やがったわけよ。情けないけど腫れがひくまで寝てるしかない。仕方なく天井眺めてるてぇと、御酒と相性ばつぐんの一皿ばっかり浮かんで来た。あの店の「あれ」で呑みたいばっかりに出かけて行く……これ酒の相思相愛と申しますな。料理に合う酒じゃないの、酒に合う料理。しかもその店でないと食べられない旨いもん。とまぁ、寝床の身としては、わが酒の相思相愛を思い巡らし無聊を慰める……なーんて恰好良かなくて、意地汚く気を紛らわすだけなんだけど、まーお付き合いくださいまし。

でじつは相思相愛の本家本元は、浅草「神谷バー」なんであります。

ここの「相思相愛」とは、ご存じ電気ブランと生ビールのこと。いにしえのカクテルをちびり、生ジョッキをぐびり。間に「串カツ」、「煮込み」をぐいとほおばり、古参のウエイターや新人ウエイトレスをからかいつつ、相席の先輩諸氏とたわいない雑談でニコニコ……これ神谷バーの正しき過ごし方。

あっしの相思相愛は、電気ブランと生ビール、プラス「海老グラタン」か「かにクリームコロッケ」ね。どっちも、東京のハイカラを銀座と競った頃からの超定番。クリーム系って電気ブランに合うんだなぁ。で、追加はバーボンハイボールとさらに炭酸を追加する。コップがたくさん並んでそれだけでなんだかハレの気分になってくる。はは。安上がりでいいやね。

ここんところ若い女給さん、おっとウエイトレスが増えた。皆いい感じ。ここで三年くらいじゃまだ新人さん。頬の紅が初々しい。この娘さんは大陸ふうというか華奢でチャイナドレスが似合いそう。脚うらのホクロが婀娜っぽかったりする。つい「お釣りとっといて」。やだねー。ふはは。

でもここには相客に、いまどきの「上から目線」でもの云う酒徒なんぞいない。いたら間違いなくエセ常連さんです。独酌もできないオヤジがなにかと話しかけてきて半可通なことを云う。そんな手合いは無視、無視。相手にすることたぁない。四十年通うあっしの老婆心。

反対に、若造の仕方話に「おみそれしました」と応えるなんざ並みのオヤジにはできないよ。けどそんな先輩こそ正客。そんなご隠居に出会えたら、いい酒になるよー。あー行きたいねーっと。

そうそう、ハイカラで思いだした。「おからでシャムパン」が相思相愛だぜーって自慢したのは内田百閒でしたかな。ほんとにおからにシャンパンが合うのかいなと思うけど、云われればそんな気がするものね。

ただし、百閒先生のおからはすこぶる特別。豆腐屋で買ってきたのを布にくるんで水でごしごし洗う。水を切ってすり鉢に移し、れん木でごりごり擦る。味付けはあくまであっさり淡味にして、醬油を使わず仕立てる。秋に採れた青々とした新銀杏も入れる。で、この出来立てほやほやを匙の背中でぐいぐいと押して小山に固める、そこにおからより高価なレモンを垂らす……箸の先で山を崩して口に運ぶ。レモンが沁みてて口ざわりがぱさぱさせず、追っかけて喉に流れるシャンパンの具合がまことによろしいという。しかも和製シャンパンがイケるのよ、と先生らしい展開になる。あっしがこの話を好きなのは、鮮やかな色彩とサウンド・エフェクトね。おからのすがすがしい真っ白さに銀杏の青、スプーンの銀の光沢、レモンの黄色、そこにごしごし、ごりごり、そしてシャンパンのはじける音、シズル感が相乗しいかにも旨そうな景色。さすがですなぁ。

わが相思相愛二品めは、渋谷「玉久」のすがすがしき「こちポン」でござーい。あの109が出来る以前の一角にさ、トタン板打ち付けたボロい一軒家、覚えてない？ないか、はは。

いまはビルになったけど最後まで「この土地は売りません」て反対してた。で、109がいびつに建ってるわけ。なにせ渋谷で午後四時から呑める貴重さ。活魚をアテに一杯やる酒舗。いわゆる追い込みでそりゃ大繁盛さ。客が置いてくカレンダーを義理固く壁一面貼ってた。ここじゃ「忠勇」のひやと、こちの刺身をポン酢で、がすこぶる付きの相思相愛。ここの「こち」は旨いよー、一年中あるけどこれからの季節、この涼味はお御馳走だろー。あとは燗酒で豪勢に、よこわ（めじまぐろ）でも天然あわびでもお好きにどーぞ。魚好きで知らないひとはいない「こちのかま焼き」も、うめぇーぞぉ。

日本酒に刺身ときてお次の夢酔いは、紹興酒と中華の相思相愛だろう。でも並みの中華料理じゃないよー此処のは。以前の拙宅の真裏に開いた曙橋の「敦煌《とんこう》」。食通にはつとに有名ですな。季節の食材をとことん生かすから、前と同じ料理が出てこないし、ときに「これ和風でないの？」も平気。油っ気や調味料過多に慣れた御仁には別世界。あっしに云わせると、限りなく無重力に近い創作旬味中華。ほとんど定番の「ピータンと豆腐の和えもの」、それに「水餃子」。まぁーこれと紹興酒の相性がすばらしいの。ひやでも割水でも温めても、紹興酒がすすむ。こないだはコースのハイライトに「敦煌ふう」としか云えないでっかい海老チリが登場したの。もう殻までばりばり。あの皿だけで、はい一本追加しました。うー垂涎。でもビールの次にじつは紹興酒ってプリン体が多いの知ってた？　はは。しかし中華料理って酒に合うねぇ。さすがツゥ・フーシェン先生の国は凄いわ。いやいやそんな奴はハナからいないんだけど。

ビールにはねぇ、みんな銘々の鉄板ツマミがあるよねー。定番もいいとこだけどあっしは、銀座七丁目ライオンの、生チューと「ピーたら」だな。最近通ってるのは神楽坂は本多横丁の「山ちゃん」。だってね、オレ生ビールこんなにいけたっけ、と思うほどここの「ひと口厚揚げ」はビールにばつぐんに合うの。それから浅草すしや通りの中華「あづま」で「あれ」を頼んだ日にゃ、瓶ビールこんなに呑めたっけ、てなぐらいお代わりしちゃうものねー。浅草一番の国民酒場だった「松風」の行き帰りに寄ったのが、この「あづま」。何度も書いたから余計は省く。「純レバ」もいいけど、ここの「あれ」と瓶ビールの相性はねぇ、半端じゃーないよ。鶏の唐揚げに酢豚あんかけふうの二段構え。歯触りは表面サクっで肉はふんわり、そして甘酸っぱさでほんとにぐびぐびいっちゃうのよぉー。「あれ」の由来は、常連が面倒くさいからみんな「あれ、作って」からなんだとか聞いたことがある。

そうそう住吉「栃木屋」の「スタミナオムレツ」にホッピーもいいねぇ。扇橋のテニススクールの帰りによく行った。まん丸顔の亭主と気立てのいい女将さん、二人ともよくまぁというくらいの気働き夫婦で、絵に描いたような東京の下町酒場。で、ここはタクシーの営業所が近くなんであけ番の運転手のために、朝早くからやってるの。それでいったん閉めてまた早い夕方から頑張ってる。サービス満点の魚料理もいいけど、ここの名物「スタミナオムレツ」をぜひね。

不思議なことに亭主は「オレはオムレツ好きじゃないんだ」とのたまうから味付けはと聞いたら、「ああ、味見しないもの」だって。わはは。これで見事に絶品なんだもの、愉快になってくる。ホッピーには煮込み、が定番だろうけどこの店のもんは、間違いなくホッピーとなんでも合う。ほい。

あー氷なしのフツーのホッピー呑みたい——。

おしまいはやっぱり、日本酒とアテの話でしょう。

知らないで頼むとあっと驚く相思相愛の逸品ね。うん、あるのよこれが。

たとえば浅草・寺方蕎麦「長浦」の「とりのわさび和え」。ふふ、なんと蒸鶏もわさびもあったかいの。で、冷たい般若湯に合うの合わないのって、こんなの初めてだった。この店の蕎麦も驚くよ、酒の香りがするんだ。そう日本酒で打った蕎麦なのよ。「寺方蕎麦」「般若湯」でぴんと来たでしょ。僧侶ゆかりの蕎麦屋というわけなのさ。なんで、まぐろは「赤豆腐」だし、卵焼きは「御所車」とくる。なかに君（黄身）が入ってる……呑んべぇ坊主たちの苦心の隠語、分かり易いなー。それで一期一会の心がけなのか、器も同じもので出てこないのがいいところ。「あづま」のすぐそばだし、試して損はござんせんよ。

日本酒なら燗に限るけど、出てきてびっくり、味見てびっくりなのが、お馴染み大塚「江戸一」の「ふきのとう」。こいつは季節限定。二月くらいから。品書きにこれが登場するとご常連たちは「いよいよ春ですなぁ」と云いかわす。これは、味噌と和えた蕗の薹を貝殻にぬって焼いたもの。蕎麦屋の焼き味噌に似てるかな。味はこちらがも少し複雑。甘みと苦みと酸味と香りと燗酒の九味と相まって得も云われぬまろやかさ。うーん日本人でよかったーと思える瞬間。あー早く御酒が呑みたいよっと。

んーーー。いい加減、夢酔いじゃつまんねーな。当たり前だ。

かつて山口瞳は、心優しき女性がたとえ醜くとも死が宿命でも許すけど、なんで宿酔は迎え酒で治らないのだぁーと神様を恨んだ。

そうだ、そうだ、なんで痛風が痛飲で治んないんだよー。いまのあっしのたったひとつの願いを聞き届けてくださいよーーー。ツウはツウで治っていいんじゃない。ねぇ、よろしくー神様ぁ。

んなわけないか。

（二〇一二年夏）

［二〇二三年追記］

「玉久」↕志賀直哉↕福田蘭童↕石橋エータロー↕三漁洞↕「玉久」と渋谷界隈のご縁がつながるはずですが、ここいらの話はわたしら徘徊世代で仕舞いですねぇ。再再開発でさらに昔が遠くなります。と云いつつ、最近のおすすめは、青山学院大近くの「なるきよ」ね。料理バッグンで、使い勝手のいい立呑み居酒屋です。その渋谷と同じすり鉢状の地形をもつのが、これまた同じく酒都である大塚。その大塚「江戸一」の旬味をもうひとつご紹介。それが立秋あたりからの松茸「土瓶蒸し」の出汁で呑む燗酒……「秋ですな」「ですね」……居酒屋の相思相愛、極みでござい。

わが酒都・大塚

仕事終わると一目散にうちィ帰って台所で一品仕上げて酎ハイでひと息つく。すぐにまったりしちゃって、三杯めでもういいころもちと来たもんだ。ご時世かねーささやかーな一日の仕舞い方。明日も早いしそろそろもう……なーんてわけないでないの、ワタシが。はは。なに近頃は、家ン中で呑むのが当たり前で「うち呑み」と云うそうだけど、じゃ店で呑むのは「外呑み」かと思ったら「まち呑み」って云うそうだ。まち場にわざわざ出掛けてくイベントという意味合いかね。だから、毎日毎晩外で呑むのは時代遅れでろくでもない奴らしい。たしかに駅前の家路を急ぐ集団と逆方向にすれ違う自分を意識することは多くなった。けど道楽なんだから簡単にゃーやめられまい。「酒わずらい」こそわが道、わが道……と唱えながら、えー宵の刻となりましたようで、本日はどちらへまいりますかね。

うーん今日はね、自分の陣地でじっくりと、の気分だなと。わが酒都・大塚でね。今日び若いモンが「渋谷呑み」とか「立石呑み」と称するに倣い本日は、はい「大塚呑み」の巻――。

で、「酒都」ってのは呑み屋が密集してるってだけじゃダメなのよ。立呑みも割烹も料亭もバーも、日本酒も洋酒も焼酎も老酒もビールも、もつ屋も鳥屋も寿司屋も蕎麦屋も、ぴんときりが揃ったまちでないと。地元民も一見さんも素見しも色んな呑み助が通う名店がないと「酒都」とは云えない。皆が通いたくなるまち。その点、大塚はまことにぴたりのまち。

地形がいいんだ、これが。

駅をはさんですり鉢になってて北口と南口、それぞれゆるやかな起伏の呑み屋街が五つも六つもあって、そこからまたいくつも路地が分かれてる。呑み歩きにゃそれだけでワクワクもの。呑み屋街をまたぐ都電・荒川線もいい風情。さらに大塚・三業といえばつとに聞こえた遊び場でした。

パチンコのひょうたん島を目印に、三業通りを入ればいまだに「敷島」とか「宇良志満」とか戦前からの粋な屋号が残ってる。昭和の爆笑王といわれた三遊亭歌笑の家があったはず。通りに面した「小倉庵」は昔ながらのまち場の蕎麦屋。昼間に気分よく一杯やるのにいい。「鮨勝」も丁寧な仕事ひと筋。どっかの相撲部屋にいそうな無口だけど愛嬌顔の主人の出す江戸前鮨をご賞味あれ。

そして、春日通りに面しての「酒場 江戸一」。なんといっても酒都・大塚の雄ですな。終戦直後の昭和二十一年からつづく名店。季節の肴、お燗番の腕前、女将さんの差配とお運び・男衆《おとこし》の働きっぷり、家業と心得て一家総出の気働き、いつだって清潔な店内。まぁ、どれとっても居酒屋のお手本、典型。

ワタシは遠来の酒徒が来たら、迷わず此処にお連れする。青目の客も皆喜んでくれるもの。わが仲間内ではこの東京「江戸一」と、京都の「赤垣屋」、大阪「明治屋」とで日本の三大居酒屋と決めている。毎日いい客筋が揃って、老いも若きも店の流儀をたのしんでいる……とホメ殺しておこう。はは。

いきなりの横綱紹介だけど、さしずめ大関は「きたやま」「こなから」かな。いずれもご贔屓客が付いてようよう風格が出てきましたね。酒と肴のレベルが一致してる、酒場ハンターの話題には外せない店。下町系というか、気取りのない大衆酒場系ではね、筆頭前頭は北口・折戸通りの「伊勢元」ね。

チェーンの居酒屋にはこのさ、オレらの店感、親密感は出せないのよ。五時半から開いてるけど、開いてなくてもいつもの客が勝手に入って来る。はは。薄ばりのグラス、上手に重ねてたら常連さんね。この頃は「下町ハイボール」目指して来る客が増えた。もとは雑司ヶ谷に構えていた。釣り好きのおやじさんと仲間たちの自慢の釣果が飾ってあったな。引っ越して、あと四年で五十周年だと。さすがに鯨刺ベーコンとかさ、昭和大衆酒場の記憶で注文する客はほとんどいないやね。焼きとん、ニラ玉もらって酎ハイジャンジャン行きましょう。

ここといい勝負の国民酒場は、「江戸一」の裏手にある焼きとんの「富久晴《ふくはる》」ね。味のあるご主人と兄ちゃんたちがこれまた、これぞ気働きーって感じできびきび。で、女将さんがほんわかしててその風情の落差がほほえましい。たまに衛生的にどーよ、って焼きとん屋ってあるけど此処は一線を画す。いつかも三人組コントの一人が、番組のネタ集めなのか「お土産やってもらえますか」って覗いたけどきっちり断ってた。自分の店の味と流儀を守ってる正しき国民酒場。ぼろけた大ちょうちんと縄のれんがいいねぇ。

バーなら、なんといっても北口商店街の「三番倉庫」が筆頭。大関、関脇だな。長ーい顔のマスターは面倒見がよくって若いバーテンをしっかり育て、客や商店街の相談に乗ったり。まちの顔役ですな。店内はオーセンティックな造作なれど良心価格。モルトでもカクテルでもご安心召され。

「伊勢元」近くのバー「MOO《ムー》」も遅くまでやってる気楽なバー。ローレンス・フィッシュボーンにちょい似の店主。いい味出してます。ときどき自分ちの店の口あけ時間に「江戸一」で呑んでるのが好きだなぁ。無言の会釈交わしてさ、このまちの仲間だなーと思えるものね。

マクドナルド並びのホテル・アペルト脇の地下にあるバー「オウル」と、北口商店街をずんずん行って空蟬橋の手前のマデラワインバー「レアンドロ」のふたつはまさに「番狂わせ」。褒め言葉よ。なにせ「オウル」は別世界。南麻布を霞町といってた頃の六本木のバー、といったらお分かりだろうか。壁にモノクロ仏映画がかかってたりして、大塚らしくなくスタイリッシュ。

「レアンドロ」は、マデラワイン専門のバーときたもんだ。話のネタに一度入ってみてね。初手の客にはマスターがぴんきりを並べてくれてお試しコースやってくれます。

うーん、いいまちだ。

大塚が大変な賑いのまちだった証拠が、いまはマクドナルドと「あおい書店」が入ってる大塚ビルにある。かつての「白木屋百貨店」のあった場所。入口入るとすぐに「元白木屋百貨店」と記された写真が二点、掲げてある。

デパートがあるまちってハイカラだったわけでさ、池袋が村から「まち」になる前の話。花街はあるわ、上野鈴本直営の「大塚鈴本亭」もあるわ、折戸通りにはストリップ小屋があるわ、ちょいと昔は宍戸子爵邸・廃兵院の紅葉見物で都電が大活躍……とまぁ城北一の盛り場だったわけでして。

なんてつづき話はガイドブックで読んでねーということで、これも「酒都」たる条件だなと思うのが、新陳代謝がいいってこと。そう、このまちをわが陣地と覚悟してひと勝負しようって世代が、商売をどんどん起こすの。まちが生きてるってこと。

で、最近張ってる大塚の店はね、「にわ」、「麦酒庵」ときたもんだ。両方ともいきなりの十両、関取からスタートのレベルと思う。「にわ」は空蟬橋を渡って右角の手打ち蕎麦屋。蕎麦で一杯やるのには申し分のない店構え、磯自慢でかき揚げ、が旨い。亭主の年季と客筋がうまくマッチしていい店になるといいな。

「麦酒庵」は北口モスバーガーの二階にある。ビアバーであり、日本酒も牡蠣料理も出すという、とんがった店。若い店主が酒談義しながら選んでくれる一杯が的確で、頼もしい。若いカップルが〈辛口〉とか〈雑味が〉なんて口にするのが聞こえてきて、ご愛嬌ものだけど、ワタシもいつか来た道。三十年も前、神楽坂きっての銘酒バー「酒たまねぎや」での吟醸酒お勉強の時間を思い出します。わはは。

こうして世代を超えて呑んべぇたちが徘徊するまち。

うーん、もいっかい。いいまちだ。

大塚に通うようになって三十年ばかし。垢抜けなさがどこか漂うとこも、じつはこのまちの味と魅力なんだとようやく思えてきた。

十両止まりの店と出世する店の違い？　強いて云うと生活臭かな。

ほら、折込チラシや猫のえさなんかがカウンターに無造作に置いてある店ね。これをよしとするかしないか。ご常連がなにも云わないのをいいことに、それに甘えてる店はそこ止まりってこと。なに気にしないよーかえって落ち着くでないの、という御仁には余計な話で、ご免なさい。そしたらアナタさまにはほんとに大塚は、輪をかけて外れなしの居酒屋天国というわけさ。酒都も酒都、大酒都だーね。

この頃の大塚は、焼鳥激戦区にもなってて、「蒼天」、「がっさく」、「掌」、「鶏門」とヒット店が勢いづいてるし、制覇すんのは大変だぜー。わはは。


大塚の地元民は信心深くて、天祖神社の前で立ち止まって一礼していく老若男女がとぎれない。境内には夫婦イチョウの大木が日陰をつくり、手水もあって清められる。天の祖とはつまり、天照大御神さん、例の天の岩戸で踊ったというあの女神さまを奉っているわけですな。

――ここで突然「大岡越前」のエンディングテーマとナレーション～♪

「これからも〝大塚呑み〟つづけさしてね天祖神社様。よろしくね」

と手を合わせる忠相《ただすけ》であった。いや呑み助であった……つづく。

（二〇一三年冬）

［二〇二三年追記］
『南大塚萬重宝』という、ディープな大塚情報を提供してくれるウェブマガジンがある。前口上曰く「——性懲りもなく住み続ける生粋の大塚人が、21世紀の市民生活に絶対役立たない、小さくて手薄な大塚限定情報をお届けします——」とくるよ。「ペンギン堂」という個人趣味ショップのご主人が発信元らしいが、ともかくネタは逐一というかイチイチというか、飲食店はもちろん、道路工事とかビル解体とか都市伝説と、なんでもござれ。大塚一帯の移り変わりをレポートしてくれて、バックナンバーは貴重なアーカイブ。

銀座・焼鳥街道

銀座通りの入り口京橋から八丁目の土橋までが、わが焼鳥街道。街道？　そうよ、なにせ旧東海道筋ですよ、ここ。

お江戸日本橋から鍛冶橋、京橋とずぃーっとつづくこの大通り、デパート・銀ブラ・煉瓦街の銀座なんてつい最近のこと。なにせ東海道の始まりだから、旅人目当ての店が並び軒先にわらじがぶら下がってたてぇくらい。それで新橋に入れば路地という路地に焼きとり・焼きとん・モツ屋がひしめき別世界なのはご存知の通り。土橋を越えた関所の「羅生門」からは、今宵も威勢のいい煙りが上がってるはず。小生、鶏が大好物なものでいつもより口が喧しくなったらご勘弁ねー。

てことで本日の顔見世。新橋に向かい京橋の「伊勢廣」と「栄一」、三越裏手、銀座四丁目「武ちゃん」、天賞堂の並び「ささもと」、晴海通り手前で左に寄り道、銀座二丁目「たて森」、そして繁華な夜の銀座六丁目から八丁目には「鳥繁」と「鳥長」が迎え撃ち。こんだけ揃ってるのはやっぱり銀座、東京っ子の誇り。

さーて東京駅は北も南も再々開発で鼻息荒いけど、お上りさんと席が一緒で、通りも見えず窓も開かない「有名店」の呑み喰いなんざ、さほど贅沢と思えない。ならこの「伊勢廣」本店にあがったほうがずっとたのしい。年季のはいった店構え、清潔な店内、安定した焼き具合。それと若い衆の覇気がいい。

そしてこの店の〝うちは酒品よく召し上ってほしいから「酒は三本まで」〟という決まりを支持するね、ワタシゃ。足りなければ次に行けばいい。いや、行きたいもの。はは。はい、そんで外にでればあちこちに焼鳥屋の看板……人呼んで京橋・焼鳥横丁。と、左手並びの「栄一」は、界隈で長年ご奉公の勤め人が愛する店。昼の口あけの時間だから二階や地下の団体さん席でなく、七席ほどのカウンターに案内される。隣りには重役とそのOBとおぼしき柔和な紳士二人。久しぶりに会ったらしい近況交換を聞くともなしに聞きながら燗酒をいただく。総出で働く家族の姿も焼き手のご主人の寡黙さも味のうち。会社からすぐの馴染みの焼鳥屋。日本の成長を支えたサラリーマンのご用達。ときには家族へお土産誂えてもらったり、ね。そんな酒席を持てることの幸せ。昼からこんな店で呑むのもいい。すこぶるね。

はい、京橋をくぐったらいよいよ銀座入り。伊東屋、松屋と見えて来て、左に曲がれば

「武ちゃん」だけどその前に一軒、変化球をば。

和光裏、天賞堂が角の通りの「ささもと」。ここはひらがなの「やきとり」。で、牛と豚串の店。もともとは、あの新宿・思い出横丁にあった。いまも「カブト」や「岐阜屋」で呑むの大好きだけど「ささもと」は行きそびれてたなあ。入ってびっくり。時間が止まってるよ、ここは。

貼られた映画のポスターや写真、小道具が「中央線沿線」なのよ。なんだろうね、銀座なのに銀座でないこのくつろぎ感て。名物、葡萄割りでちびちびやって、シネマのあとの余韻に浸ったり、物思いにふけりたい酒徒におすすめ。

次はお馴染み三越裏手の「武ちゃん」。焼鳥でさっと呑む、の正統派。通って三十年のワタシが保証します。以上。なは、そうはいかないか。

えーここは、のれんを着ない店。のれん分けは許すけどのれん貸しはしない。およそ人間が関わって「分岐」したものはオリジナルのままではいられない。きっと劣化する。手広くやろうってんでデパートで販売しようとする、すると朝からの仕込みを見たことも経験もないパートさんが店のハッピはおって売ることになるね。「旨いの？」と聞かれて「旨いですよ」としか答えられないの、のれんを着てるだけだから。「一生懸命仕込んでるウチらの味はいちばん」と実感してないから伝わらないの。なんだってそう。劣化を承知でのれんで儲けようてぇご時世ですが、のれんを着るのは当事者でなきゃ。「武ちゃん」は全員、のれんを背負って張ってる店。

といよいよ晴海通りを越すと、右角にあったはずの東芝ビルが更地になっていて数寄屋橋の楕円のアーチが、なんだか昭和の風情で迫ってくるのが不思議。

銀座と焼鳥屋の関係は、関東大震災と終戦後の世相に依っている。この二回の復興期が銀座を変え、まずは屋台や急ごしらえの食べ物屋、そこに牛豚の串焼きや煮込みが広がり、そして鶏も食材として普及……それまでは牛肉は奉公人、鶏肉は店の主一家の食するもの、かしわとか軍鶏とか鳥料理のほうが高級だった。ブロイラーという革命的食材が出回るまでは、ね。

と、野暮な話は置いてお次は銀座通りから交詢社ビルへ。金春通りのほうが分かりいいかな、蕎麦の「よし田」の斜め向かい「鳥繁」。

創業昭和六年。荷風さんの「つゆのあとさき」が出た頃で夜の銀ブラ、夜店がさかってた時代。「武ちゃん」やこの「鳥繁」みたいに屋台の焼鳥で評判の店が、やがて店を構えて出世したというわけね。

ご存じ、やかん頭のあにさんが熱燗のやかんを注いでまわってる。随分と高いとこからスーッと来てグラスのふちでピタリと止まる、いよっ名人芸。これほど焼鳥屋に似合うパフォーマンスはないよね。人なつこい破顔がいい。昔はやかん、銀じゃなくてアルマイトじゃなかったかなー。お二階じゃ植木等や谷啓が呑んでいそうな東宝映画の世界。銀座なのに庶民ぽい、これも銀座らしい焼鳥屋。ここは焼き台の前でひとり酒も悪くないけど、ピーク越すと喧騒過ぎてちとつらい。燗酒で串をがんがん頬張ってくれるお仲間やお嬢と一緒に、がおすすめです。ワタシのお仕着せは、かしわの皮焼き、つくね、相鴨焼きの順。皮って旨いよねぇ。「北京ダック」なんて皮だけ切り分けて残りみんな下げちゃうものねー。ははは。

さーて銀座焼鳥街道、そろそろ真打登場ね。銀座八丁目は「鳥長」。

この店も大正の終わりから銀座二丁目で屋台を出していた。店をもったのは昭和七年というから八一年め。これまた老舗中の老舗ね。

ゴージャラスな軒が並ぶサンモトの通り、新橋に向って左角「プロント」を過ぎると緑に赤文字で「鳥長」の小さな看板。けものみちを入るとすぐ左手の一軒家。がらりと引き戸を開けると、年季のはいった分厚いカウンターと小ぶりの四人掛けのテーブルふたつ。奥には座敷代わりの小あがりに卓袱台とくる。カウンターに並んだ大皿には、串ものがそれは見事に円陣に並ぶ。敷かれたパセリの緑に映えてじつに美しい景色。そして錫のちろりでつける菊正の燗具合がいい。このお姐さん、割烹着からのぞく私服の趣味がバッグン。

これも銀座なのだなーと思わせるわけです。

召し上がりはと聞かれたら「順に」のひと言でＯＫ。はじめに、つくねが出るのがここの決まり。「武ちゃん」のも「鳥繁」のも大好きだけど、なにを隠そうここのつくねがマイベストなんであります。

首のとこを骨ごと出刃でもってコンチクショウと云うくらいに叩くわけですが、なにせ鳥のクビですからたちまちほんの小さな量になっちゃう。で、色々ほかのとこの身を足すわけね。これで味が違ってくる。軟骨のぷちぷち感と脂っ気の案配とか難しいんだろね。どこぞの店のふにゃっとしたつくね、分けわかんないすり身入れ過ぎね、おでん種じゃないんだからさ。つくねは本物をぜひ。

さて焼鳥屋のもひとつ、おたのしみはお土産だー。わはは。

冷めても旨い、明日の朝でも旨い。これが売りですよ、あーた。塩でまとめるのがおすすめ。「鳥繁」みたいなそぼろ弁当もいい。時間がたって味が染みて余計旨い。ただしワタクシは湯島「とりつね」の鳥しんじょのおみやが永遠のナンバーワンなわけですがね。ご免なさいよ。

そして終いにとっておきのもう一軒をご紹介。昭和通りを越した銀座二丁目の「たて森」でござい。

造り酒屋がやってる居酒屋「秩父錦」の裏手。この界隈に出来る店はなぜかいい店ばかり。そこに気鋭の焼鳥屋が加わった。これと決めた北丹波の和鶏の味と店主の創意工夫が冴えてる。とり好きの太鼓判押してしまいます。

一日一回転で勝負の店、そこに甘えて独酌の客になりたいと思わせる店。ゆったり食べてじっくり呑む焼鳥屋があっていいよね。銀座だもの。酒品のいい銀座通が集まりますように。

じつはね、あの銀座四丁目交差点、服部時計の創始者は、銀座の焼鳥屋で働いてたことがある、とかネタは尽きないのでございますが、なにせ焼鳥街道駆け足巡りでございまして、本日はこの辺でお開きー。

最後にひとつだけ。

なんにでも旬はありますが焼鳥にも当然ございますな。「鳥繁」の真鴨も「武ちゃん」の寒雀も春には仕舞いですし、「鳥長」のように夏は肉が痩せてしまうからと八月いっぱい休業の店もございます。旨いものは、旨いうちにいただきませう。

（二〇一三年春）

［二〇二三年追記］

がたぴしガラス戸の一軒家だった「鳥長」は、五年前に近くの七丁目ビルの七階へ移っていました が、近々また移転の予定だとか。いま三代目が燗酒修行の真っ最中。菊正を錫のちろりでつけた燗酒をぐびり、はこの店のとっておきのひとつだかんね。頑張れー。「武ちゃん」はご店主の武ちゃんが九十歳を目前にして亡くなられた。これも五年ほど前だ。合掌――それを機にスタッフを一新。身内筋と若い女衆との合体新体制で、以前通り賑やかに営業してる。東京一ちゃきちゃきしてる焼鳥屋さん。なによりだねー。

東京駅で逢いましょう

夕暮れどき。あー早くあすこで呑みたいなと思うバーは、いま東京駅界隈に集中している。

有名処のコース料理を済まして東京土産を抱えた観光びとが新幹線のホームに急ぐのと反対に、一軒めの八重洲「ふくべ」からぷらぷらと丸の内口に移動する。四時半に樽酒正一合を三本いただいて、バーの口あけにちょうどよい刻限。

新装なった東京ステーションホテル。いま、東京でいちばん扉を開けるのが楽しみなバーだ。以前は「カメリア」がこのホテルのメインバーだったけれど、パブリッククラウンジとなった。かつて独り白昼夢に浸れた「カメリア」はなく、陽気でカクテル好きなご婦人と白昼堂々同伴する空間となった。それもご時世、よろしいでしょう。

「バー・オーク」……なので新装後はこっちがメインバー。扉の向こうに杉本さんが居る。東京駅改装の間、メトロポリタン丸の内の「TENQOO」でシェイカーを振っていた名物バーマンがようやく自分の陣地に戻った。天空から降りてきた？　いや趣味の悪い洒落だね、ご免なさいよ。

窓の景色はプラットホームから丸の内側に変わったけれど、イキのいいスタッフも女性バーテンダーも気持ちよく接してくれる。

なにより勉強してる。オリジナルカクテルと杉本氏のスタンダードカクテルと味わい比べて客人をもてなせる、新旧いいとこどりのバー。さあこれからが、宵っ張り東京ナイトのはじまり、はじまりー。

東京駅をはさんで八重洲と丸の内じゃ昔から呑み屋のスタイルが違っていて、一丁倫敦の頃のハイカラ丸の内ビル街と、仕舞屋ふうの庶民飲食街と見事に棲み分けされてたね。いまじゃどちらも「昭和」でひと括りにされちゃうけどねー。ワタシには東京駅の昭和酒場といえば「ふくべ」と「カメリア」だった。八重洲の「灘コロンビア」とか丸の内の「明治屋」とかなくなっちまったしさ。そういえばもうひとつ、東京国際フォーラムの東京駅寄りに昭和な店が残ってる。その名も「レバンテ」。そう、交通会館の横にあったレンガ壁のビアレストランね。大ジョッキと牡蠣とジャーマンポテト、それとナポリタンがワタシの定番。椅子もテーブルもかつてのまま。店名のロゴもレジの煙草ケースもえらく懐かしい。

でもこの新店舗は壁が三方ガラス張りのうえに、外は鮮やかなLED照明を施したビル群なものだからちょっと不思議。でかいガラスケースのなかに〝昭和〟の標本箱があって、自分も標本のひとつになったような錯覚が面白い。そしてここは独りで呑めて何よりほっといてくれる。テラス席もあるし、有楽町駅辺りで逢いましょうか、の待ち合わせに便がいい。

話が昭和に行ったけど、いま東京で二番目に扉を開けるのが楽しみなのが、これまた少し前に新装なったパレスホテルのメインバー「ロイヤル」。

お披露目当時、ドアは会員倶楽部ふうにクローズされてたけどいまはセミオープン。カウンターの空きが分かるほうがいいものね。バーとしての造りも以前よりこっちが断然いい。カウンター席の間合いも、酒棚やグラス庫のデザインも神経が行き届いている。ここで待ち合わせて一杯やるのは気分がいい。しかもチーフは世界チャンピオンとくる。

その大竹さんが、見たことないカクテルを作ってくれた。ひと粒珈琲豆が添えてある。珈琲味の新ガリアーノ。知らなかったねぇ。うーん、流石。今年もまた世界大会にチャレンジしに行くらしい。パレスの六階「プリヴェ」も待ち合わせが似合うバーですがね、ここはテラス席がいいんだ。世話になったご夫婦やカップルをもてなすのにお薦めのロケーションだね。

さて、杉本さんの「バー・オーク」はカウンターが七席。満席も多いこの頃、ならばとパレスのバーへ、お堀端のボードウォーク口から入るのもいいし、じつはステーションホテルのすぐそばに立呑みスポットがあるの。その名は「VIRON」。菓子屋でパン屋でレストランなんだけど、バーだけはいつでもOK、ワイン一杯で時間をつぶせる。ここのバーチーフがなかなか喋れるお兄さんで、仕事しながら酒の話や東京の夜の話で相手してくれる。ランチの予約や売り切れパンに目の色変える〝超人気店のお客様〟を眺めながら、ね。

さーて、それじゃ最上の客人相手に東京駅なら何処で待ち合わせするか、決戦の金曜日と来たもんだ。はは。で、対抗馬は二軒あるよ――。

まずは帝国劇場の並び、バカラショップの地下にある「ビー・バー」へ。

カウンターの一枚板のシックな感じが悪くない。

ここのチョコとかつサンドは、ぜひ客人にお薦めあれ。

軽井沢の「エルミタージュ・ド・田村」から届くんだと。かつサンドは冷蔵庫から出してチン。ありゃりゃと思ったら見事に裏切られた。美味しいでないの。だし巻卵状というかテリーヌというか、きっと相方も「こんなの初めて」とのたまうこと間違いなし。

それと若いバーマンがいくらでもバカラのうんちくを披露してくれる。長いこと国産ガラスを作れずにいたフランスが、パリ万博でやっと国際デビューできた話とか、天井にかかる、浅草○○こビルのデザイナーF・スタルクの黒シャンデリアの価値とか、ガラス好き、器好きには贅沢な時間でしょう。でも、あくまで待ち合わせなんで、本日は二杯で河岸替えようねー。一杯三千円のバーだからね。はは。

さーて、わが賓客との待ち合わせのベストは、明治生命館の地下、センチュリーコート丸の内の「バー・マーブル」ね。会員倶楽部ですが記帳すれば誰でも入れます。階段を降りるだけで高揚感が湧いて来ます。まぎれもなく本物のアール・デコ空間です。一九三〇年代、ニューヨーク摩天楼のナイトクラブふうと云えばいいか。東京でいまいちばん贅沢な内装のバーだと思う。

銀座の名店「ステラ」にいた話の達者なバーテンダーが任されている。もう五年になるとかで、銀座のバー事情を知ってるバーマンがいるのは嬉しい。毛利さんが、上田さんが、柳倉さんが、長谷川さんが、保志さんが、古田土さんがさ……って重鎮バーマン達をサカナに呑めるもの。

なにせ国の重要文化財の建物で働くんで、はじめすごく緊張してたんだとか……でもこのビルはほんとに頑丈で、東日本大震災のとき、ワイングラスも酒瓶も何ひとつ割れなかったんだとか。大したもんだ。

五時からのオープンで金曜日、休日前は、なんと二時までやってます。ホテルのバー料金だから予算は「ビー・バー」の半分だね、なはは。でもね「ビー・バー」は夕方四時から朝の四時まで開いてるんだな。

そして、東京會舘がしばらくしたら改装に入る。三年ほどかかるというからその頃また、たのしみなバー空間が生まれるわけだ。上階での諸々の授賞式やパーテイのあと、「一杯やろう」と帰りがけに寄れるのがここの使い勝手のいいところ。個人的には、日本のカクテルの育ての親、ミスター今井氏の伝統が甦るといいなぁ。

そんでさ、せっかく酒のうんちく勉強中のバーテン君や、いっつも新しいレシピを考えてる世界チャンピオンや、「この人が作るんだもの、美味しいよね」と思わせるバーマンが目の前にいるんだもの、酒の話をつまみにしようよ。世事はなしにして……ね。

（二〇一三年夏）

［二〇二三年追記］

新装なった東京會舘。メインバーはあえてオールドタイマーに固執したよう。帝国やオークラみたいに、これからは新世代もどーぞというノリとは一線を画した感じ……ま、決断なんだろね、ご常連倶楽部で行くという。先に改装オープンしてだいぶ経ったけど、ご近所のパレスサイドとは好対照のコンセプトだ。こちらはもう新階層さま大歓迎で陽気なバーを展開してます。

神田ラビリンス

神田駅の待ち合わせほど困る処はないねぇ。神田で呑もうよ、と誘うと相手方は決まって「あすこよく知らないんで」と云う。そりゃそうだ、山手線、中央線、京浜東北線が停車するし地下鉄銀座線もある。東京駅から向かうと線路がエックスに交差してまた分かれる恰好だし、改札口も東西南北あるんで方向感覚が狂っちゃう。たまに行くもんにゃわけ分からんのが当たり前。それに昼間とネオンの灯った夜の景色が違うんだ。どの方角から眺めても、立呑み、居酒屋、パチンコ、金融、風俗店そして雑居ビルばかりでランドマークになる建物がないとくる。迷子の外国人観光客をよく見かけるのも然り。

パワフルといえばパワフル、雑然といえば雑然。そんで、神田勤めのサラリーマンにはそれぞれ馴染みの店があり、ほとんどそこしか行かないんだな、これが。

であるからして神田駅前、四方八方全面制覇してる豪傑はごく僅か（らしい）……ならオイラが挑戦しようでないの、が本日の眼目であります。へい。

神田駅と云えば、西口ガード下の「馬力」「大越」「升亀」の三軒つづきが名物だったけど、暮れに右端の「升亀」が閉店したね。バンダナ巻いてるいかした兄さんが仕切るいい店だったけど、何でも家族の介護のために店を畳んだとか聞いた。残念だねぇ、これまでの温情に深謝――。

さてまずは南口から右へ進んで山手線外側のガード下。その名も「があどした」。〝呑むリエ〟と称するくらい呑んべぇなおやじが、なんともいい加減に酒と酒に合うつまみをどんどん出してくれる。ワイン呑んでるそばから冷やしたジョニ赤をどぼどぼっとロックグラスに注いで「ほらチェイサー」だって。これがいけるんだ、なんと。つまみの黒豚紅茶煮が旨い。

ここはおやじも客同士も語る、語る……いやワインじゃなくて人生のうんちくをね。だからワインバーでなくワイン居酒屋ね。隣りの客との会話を楽しめる酒徒におすすめします。云っとくけどデートにゃ向かないよ。はは。

「があどした」はじつはもう一軒、奥さんがやっててこっちはワインスナックの風情かな。場所は今川小路。いい気持ちで「があどした」を出て東京駅方向へガード下を行く。山手線、京浜東北線のレンガ造りのガード下は徐々に店も人も減り、神田ステーションホテル、カクヤス辺りまで来ると不安になるくらい寂しい気配。と右手に曲がると突然、昭和にタイムスリップ。あらびっくり。映画のセットのような酒場小路とくる。「大松」、「柳水」、「里」、「まり世」、「歌家」、「呑ん兵衛 神田《じんた》」と来たもんだ。ママの「があどした」は左奥ね。中央区日本橋本石町四丁目……千代田区と中央区の境目。じつは江戸でもいちばん張ってたまちなのよ日本橋、神田界隈ってね。酔眼でしばし付近を一周、こういう迷い道が面白いねぇ。

ほーいお次は、Uターンして東口に戻ってみますかね、お馴染みチェーン店に混じってバルとかビストロ系がぽつぽつと目につく。満員御礼とまではいってないようだけど、たのしそうに杯をあげる女性客が目立つのがいまふうなんだね。店主も客も頑張ってくれぃ。

さて駅の中央に近づくにつれ、駅のアナウンスと居酒屋の呼び込みが大きくなる。新橋に似てるけど神田と新橋の違いは、あのなんだね、独酌の客が多いことだな。

自分だけの時間を消費できる夕刻、ひとりで呑みたい。分かるなぁ。以前もご案内した東口と北口をつなぐガード下角の焼鳥「伊勢」の常連も一人客が多い。立食い・立呑みでこんだけ流行ってるのは立派。一度来てひと廻りしてまた戻る常連もいる。よっぽど気に入ってるんだね。そんで毎日寄る客がほとんど。

いつもの酒にいつもの串で深酒はしない。晩酌だもの。はいご馳走さん、また明日ーってなもんだ。そんで、この辺でやっぱり神田だものね、鮨屋を紹介しないとね、おぅ神田の生まれよーてなもんだ。

駅東口、中央通りをみずほ銀行へ渡って裏手の神田一番街、鍛冶町二丁目へ。その名を「笹鮨」という。

東京の「すし屋」は「鮨」か「寿司」の文字。「鮓」はうまそうな字だけれど大阪ずしに限って使われる。そもそも「鮨」という字は江戸時代、八代将軍吉宗から下されたそうな。魚が旨い、魚を旨とする、あるいは指で握るから魚と合わせたなんて説もございます。いずれにしても神田には鮨屋がたいそうございましたそうで、なかでも屋台の頃から百三十余年つづくこの店は江戸前の流儀を守る店。いつのまにか噺家もどきになってます。はは。ま、とにかくご来店のほど。近頃の銀座の鮨屋はなんだい、と思うからさ。すし屋＝海鮮居酒屋、ちらし＝海鮮丼と思ってるお方にもぜひ。旨味の凝縮感と脂味の軽やかさに驚くよ。「ご馳走様。また寄せてくださいねー」。さくっと食べて呑んで次の店に行くのがよろしいかと。

今度は秋葉原に向かって、東北線ガード下の神田ふれあい通りを進みます。「すし徳」、「味坊」、「伊藤課長」、「幡随院長兵衛」とそそる店名がつづきます。そろそろ一杯呑み屋がないかなーと思ったら、はじめの角地の左端に立呑み「神田ナンバー」。五人も入れば一杯になるカウンターでスプマンテもワインもワンコインで呑める。〝入りづらい？　大丈夫だよ 大した店じゃないから〟という脱力な垂れ幕が若いマスターの心意気。手づくりのつまみが小腹の空いたときに便利ですな。七人ほどの二階もあるらしい。おしゃべり好き、音楽好き、女性ひとり、で入れるフランクさが貴重なバルです。「はいまたねー」。

神田ふれあい通りをさらに秋葉原に向かうと、神田で旨いおでんで旨い酒の呑める店「なか川」。

はじめ濃そうな出汁かなーと思うけどなかなかこれが大した出来栄え。おでんの種もほとんど手づくりだし、ここは大当たり。わさびやかつお節をその都度すりおろし削ってくれるご主人の誠実さ。その丁寧な料理と、焦げてひしゃげてボロボロになった鍋でつけてくれる白鷹がうれしい。ビールも赤星、ハートランド、ギネスと揃ってる。ご主人極めてますなぁ。

店主の魅力と手づくりの安心感と味の良さでじわっと心がほぐれていくのが分かります。ここは断然、独りか話の分かる相手とだけ呑みたい店。

いい気分で外に出ると、線路はつづく、いやガード下はつづくよどこまでも、と来たもんだ。

ふれあい通りを須田町方向に歩いていくと、神田川に突き当たった。鉄橋が架かっていてガード脇が階段になってる。おー鉄橋渡れるんだ。でなにやら古ぼけた神社がたもとに鎮座してる。有刺鉄線で囲まれて鍵がかかって入れないのが残念。で、橋を渡っていくとなんと秋葉原の見なれた駅の景色につながった。こりゃ新鮮。酔っ払いの散歩はこうでなくちゃ。戻って橋の上でしばし風に吹かれて酔いざまし。

でね、後日調べたらさっきの神社は、烏森《からすもり》神社、椙森《すぎのもり》神社とともに江戸三森と云われた柳森《やなぎもり》神社なんですと。

由来は、室町時代、太田道灌が江戸城の鬼門除けに柳を植えて以来、江戸の鎮守として祀られたそうな。境内には「おたぬき様」があって立身出世、商売繁盛の神さまだとか。たぬきは「他抜き」の洒落。で他に抜きんでる意味ね。いかにも江戸風情を宿した貴重な神社です。神田駅のガード下、端から端まで伝ったら、昭和の呑んべぇ小路から江戸のおたぬき様に辿り着いたとさ、こりゃまた。

ところでさっきから「神田バル」という店、あれたしか「笹鮨」の先だと思ったんだけど……行けないの。でもハンバーグが旨かったしワインもリーズナブルで……うーん迷ったらしい。おたぬき様にやられたかなあ。あはは。

ちょいと真面目な話。日本の盛り場というのは、中心が三度変遷したんだ。

神田も、お稲荷さんや神田明神といった村の鎮守さま、氏神さんのお祭りが先にあってこれが盛り場の第一の原型。で、そのうち全国どこも鉄道が通って〝駅前商店街〞が戦後の中心となって第二の盛り場を形成。神田駅もパワフルに賑わったわけだ。やがてクルマ社会になって人の流れが、もっぱら駐車場のあるデパート、郊外のショッピングセンターへ偏っていき、いまに至るというわけ。日本全国シャッター商店街の悲劇も、そういうこと。でも以前の盛り場は完全には消えないで、中途半端に残ってるのね。日本のまちのごちゃごちゃ感は、ここから来るわけであります……ところで神田は、家康が江戸を首都と決めた時に、神に初穂を献ずる田んぼをつくったところ。それでカミの田んぼで「しんでん」だし、江戸火消しいろは四十八組の初手「い」組の纏持ち、がこのまちなんだ。そりゃー誇り高きまち。

てへ。かんたんに神田を制覇ーなんて云って申し訳ない、とても一度じゃ神田はムリ。今夜はこんくらいでご勘弁くださいまし。しばらくはラビリンスに迷い込んだまんま——今宵も神田で迷い酒の巻ぃっと。

また次回に。

（二〇一四年春）

［二〇二三年追記］
当時酔眼で見つけた呑み屋街「今川小路」は、二〇一八年には姿を消したね。テレビや映画なんかの映像作品に使われてた。
神田西口「笹鮨」はわが江戸前鮨の特等席。屋台から店をかまえたのは、明治三十六年。昨年の春からの改修工事がなかなか終わらないで気になっていたけれど、ようやく年明け一月九日に営業が再開したね。この店の〆もの食べたさに神田通いした時期があったなあ。知ってしまったお土産の海苔巻きの旨いこと旨いこと。そして折詰の手際の見事さ、丁寧さ……いざ、出陣しますからねーご主人。

湯島界隈日暮れ酒

えー上野で絵画展なんぞを観て「このまま帰るのもなんだなー一杯やってこうかね」なんてときのご案内でございます。

土曜の遅い午後、大道芸を囲む人だかりをすり抜けて西郷像の坂を降りるといわゆる山下口。池之端、仲町《なかちょう》、黒門町とつづきますが、この辺りのかつての賑わいについちゃ佐多稲子『私の東京地図』や芝木好子『夜の鶴』にお任せして先を急ぎます。気分は独り静かに呑めるカウンター席。じつは予約しといた処があるの。蕎麦屋でも鮨屋でも料亭でもなく、今宵は板前割烹へ。

「割」は切る、むく、刻む。「烹」は煮る、炙る、揚げる。料理人が刺身をひいたり、煮たりを目で追いながら、カウンターで呑めるのが割烹ね。庭や座敷のしつらえを愛で、艶やかなお姐さんのお酌でコース料理をいただく、これが料亭&料理屋。

まことに残念なれど、その戦前の湯島花街の残り香はほんの微か。その代わりこの界隈には池波正太郎ご贔屓の「花ぶさ」とか、予約一年待ちの「くろぎ」とかレベルの高い割烹どころがぴーんと張ってます。

さて「キャバクラいかがっすかー」の仲町通りを避けて、口あけまでちょいと不忍池界隈をぶらぶら。「鳥栄」を左にみて裏の坂道を上がる。鷗外の『雁』のなかで、薄幸なヒロインお玉の妾宅がある暗闇坂。旧岩崎邸をぐるりと回ると春日通り、切通しの坂に出る。湯島は山の手と下町のちょうど狭間にあり、坂があいだを繋いでる恰好だ。バス停前の湯島ハイタウンは四十年ほど前に藤和不動産が手がけた先駆的なハイカラ集合住宅。確か一週間で完売したはず。ここに小室直樹氏が住んでて訪ねたことがある。「伊豆栄」で鰻を御馳走になったっけ。坂をのぼって天神様へ。せっかくだからお参りしときましょうかね。

湯島天神といえばご存じ泉鏡花の『婦系図《おんなけいず》』、天神下への戻りはその名も男坂・女坂とくる。急なほうの男坂を降りると、ちょうどのれんのかかる刻限だ。ドンキの一本裏筋にある「いづ政」へ。いわずと知れた銀座「出井」の分かれ、つまり関西式割烹の店でご主人は地元育ちの江戸っ子とくる。シンプルな店内にL字のカウンターは幅がたっぷりで清潔そのもの。見上げると、なぜか滝田ゆうのイラストが飾ってある。

腹も空いたしのども渇いた。いいタイミングでまずはビールを一杯。ここの生の旨さはすぐ近所の「奥様公認酒蔵 岩手屋」と双璧よ。

で、突出し六品とお椀で立山の純吟をやりながら、ご主人と刺身と焼き物の相談。こないだはきんきの一夜干しがすこぶる付きの当たりだった。出汁をはって丁寧に焼かれてあって頭からヒレ、しっぽまで食べた。香ばしくって旨い旨いでつい酒が過ぎた。これだけでこの店に通う客が多いと聞いてる。うーんやっぱり今夜もきんき、お願いします。焼き物は手間暇かかるから早く頼むことね。それと関あじといかを貰いましょう。お酒はひれ酒くださいな、と。ふふ。

いつか福田和也さんが東京じゃ関西割烹には入らないと云ってた。京都、大阪に行けばいいからと。ぴんの店に馴染んだ、はんちく嫌いの福田さんらしい。だけどそもそも割烹料理はみんな酒の肴。おかずじゃない。アペリティフとアラカルト三昧だ。頼めば酒の肴がえんえんとつづく。つまり呑み助がだらだら呑んでられる処。わはは。

これから師走にかけてはもう味覚の天国。ぶり、河豚、蟹、鮟鱇、牡蠣、鱈、平目、大根、白菜、ねぎ、小松菜、えび芋……鮨屋も料亭も割烹も西も東も、活気あふれるばかり。もう堪りませんな。白木のカウンターに坐るのがこんなたのしみな季節はないね。まーでも高等アラカルト酒場はハレの日に行くもの。

この日は特別。白木のカウンターにゆったりして、盃と器で景色をつくりつつ、昼間観た絵を反芻して呑みたかったのよ、と。たまさかね。

ではでは湯島界隈、ふだん使いのアラカルト酒場編。

酒客として贔屓の順にご紹介しますと、まずは仲町通りのおでんの「多古久」。これぞ関東だき、パワフルな出汁。お酒は燗で褒紋正宗を端正な白磁のお銚子でいただく。〆さばや西京焼きなど軽ーく割烹料理屋のレベルです。驚くのが、去年から引き継いだお母さんが、先代に瓜二つなこと。先代を知ってる客も皆一度はびっくり顔してる。百年以上四代つづく大老舗です。もちろん、モダンなお母さんが仕切るおでんの大鍋前が特等席です。

対して新進の「味噌坐 玉響《たまゆら》」が面白い。店舗造りの上手い経営者のようで、チェーン居酒屋に物足りない酒呑みで賑わっている。純米酒を豆腐味噌漬、ジビエやまぐろのカマ焼きで呑むという趣向。ここは昔老舗の履物屋だったとこ。ガラス戸越しに和服に似合う柄が覗いていたね。呑み屋として造られた建物じゃないから使い勝手はあんまり、と思うけれど、和風空間の不便さを若い世代が面白がってるふう。カウンターがオープンなんで隣り客同士が打ち解けて呑んべぇの輪を広げているのも狙い通りかね。春日通り沿いのタワー駐車場の右角の道をはいった右手のところ。店名の通り、嘗め味噌で酒が旨い。

赤丸上昇中と思うのが、池之端にある「たがみ」が始めた焼鳥の「とりひろ」。

「いづ政」のすぐ近くにあって、なんと午前二時までやってる。超のつく繁盛店だった「八巻」の跡地に「たがみ」がオープンしたのはいつだったかな。名店と、しかも同じ焼鳥で勝負する田上氏の心意気が当時話題になってた。そしてほどなく成功……鶏はもちろん、あのお通しに出された野菜の甘みとコク、焼鳥のたれとピノの赤ワインとの相性は忘れられません。今度の店は「たがみ」よりはコンパクトながら酒が充実しているんだな、これが。焼鳥といまふうの日本酒好きが大喜びするメニューと酒棚が並んでいます。しろレバ、ちぎもと希少部位にトマトやアスパラを組み合わせ、ぬか漬けと丼で〆も出来ます。

春日通りをはさんだ仲町のほうは、呼び込みにまるで品がなくて残念だねー。それにひきかえこっちの路地はいま凄いことになってます。イタリアンやスペインバール風のオープンレストランが何軒も出来ていて、早い時間からわんさか盛り上がってる。そんで「奥様公認酒蔵 岩手屋」の別館と本店でしょ、置屋をまんま使った「くろぎ」でしょ、「いづ政」でしょ、この「とりひろ」だもの。で、もひとつおまけにこの路地の入り口に「麺屋げんぞう」がある。塩ラーメンが好きだな。有名店が近くにあるらしいけどアタシのなかではラーメン屋に限らず、椅子が固定してある店は食い物屋として存在しない。なのでめったに行く機会はない。開店当時すぐにこの「げんぞう」の若い店主の「中華料理店で修業しました」のひと言で買い、でした。不自然でない旨味のバランスが出来てます。ブログにあった「突出した味ではない」というのは、むしろ褒め言葉だと思いますがね。被災地のボランティアをつづける青年店主、いつも話し込んじゃってごめんねー。

このまちでなくなって残念なのが、どら焼き「うさぎや」の並びだった古本の「上野文庫」。棚の分類は、落語、下町、文士録、エログロ……ね、いいでしょ。二軒まわったあとの酔い覚ましに重宝してたのになぁー。ところが栄枯盛衰ものともせずに、このまちで変わらぬ繁盛をつづける商売あり。そう「うさぎや」はじめ天神下の「つる瀬」も、小倉に餅入り最中の「みつばち」も、かりんとうの「花月」も健在なのよー。甘味処、和菓子舗って強いよね。

もちろん酒徒諸君、湯島の夜をバーでしめるなら「琥珀」しかありません。

木村さんが元気になってほんとによかった。これからいよいよ柘榴を使った本物のジャックローズ解禁の季節。こないだはシャンパングラスで供してくれた。素晴らしかった。お早めにー。

（二〇一四年冬）

［二〇二三年追記］
いい店はなぜ少ないか。安藤鶴夫の『わたしの東京』（求龍堂 一九六八年）の〝うまいとまずい〟にこうある。

「――考えてみるとあついものを、あついうちに、たべさせようとするということは、じつは、たいへんな気くばりのいることである。つめたいものを、なまぬるくしないうちに、たべさせるということも、やっぱりおなじである。

だから、わたしは、このごろ、そういう店だけへ出かける。

つまり、いい人間がやっている店だ。いい人間がやっているうちの料理は、そして、かならず、うまい。

たべものの、うまい、まずい、いい、わるいだって、結局は、〈人間〉の、いい、わるいが勝負になる。

このごろ、うまいものが少いのも、そのためだと思うようになった。」

……一刀両断。心から賛同します。

墨東ぞめき

ここんとこ、また東京の東っかたで呑んでいる。酒通の大先輩、森下賢一さんが昨年亡くなり、晩年の止まり木だった木場の「河本」に、故人を偲んでといってはおこがましいけれどお邪魔していた。で、二軒目はこの店を起点にするものだから、自然と墨東酒場に向かうことになった。夏場に、流行りの日本酒バーばっかり覗いた反動もあるかな。

荷風さんゆかりの南砂の疝気稲荷や葛西橋辺り、それと浅草に通い、洲崎に棲み、大川を酔眼でながめ、花園、土手通りをよろけながら……冨田均、海野弘、枝川公一といったまち歩きの先達に倣って徘徊してた三十年前の下町地図が甦ったわけであります。

東京のローカル酒場。大衆酒場、昭和酒場という云い方もあるけどワタシ的には「国民酒場」という。

もちろん、敗戦間近には当然、国民にゃ配給酒じゃ足りないし、闇酒じゃ高すぎるてんでビアホールや蕎麦屋がある日「国民酒場」になり、軍用ウイスキーやビールを呑ませた処、という本来の意味ではないよ。

わが国民酒場の定義は、まず日本酒でなく焼酎が主力の店、コの字とかUの字とかカウンターがあって客はほぼ地元民。ジャンパー、ハンチング、ノーネクタイ、作業着のまま。場所で括れば、高度成長期の日本を支えたかつての荒川工場地帯、二業地、三業地の跡とくる。

安心会計、現金払い、名物ありで家業でやってる。週末の土日どっちかやってる。禁煙席なんぞあるわけない。で、肝心なのは独り客が主流ってこと。のれんくぐった途端に「おひとりさん？　こっちー」の声が有難い。

あんたの呑み場はちゃんとあるよーってね。

都心の勤め人ご用達の大衆居酒屋は、ここが按配悪くてとんとご縁がない。一人で入っても「何名さま？」とくる。独酌の客を酒場の付録みたいに扱われて呑むつもりはないもの。

まずは三十年も四十年も経っても元気元気の「国民酒場」を一巡。

朝八時から開いてる、赤羽「まるます家」。独酌を覚えるのに最適の酒場ですな。ますます親子の息ぴったりの千住「大はし」。地口あんどんが掛かって〝宿場まち通り〟なんていつのまにか観光地の真ん中になっちゃった。梅割りで煮込み豆腐お代わりだね。十条駅前「斎藤酒場」の常連とおばちゃんたちのアツい連帯感の賑やかさったらない。南千住「大坪屋」のママも相変わらず背筋がピンだね。昼も夜も呑める王子「山田屋」は洋酒も日本酒もグレードアップしてたぞぉ。名物女将健在の錦糸町「三四郎」に、駅前「小松」の氷なしの濃すぎるホッピー。どよーんとした空気感が昔のまんま。やっぱり口あけの四時には客が並ぶ、小岩のハイボールと焼きとんの「大竹」……と、もう堪りません。みな変わってないの。なぜかねー。

山田屋は、お洒落なあのおばぁちゃんが今年亡くなったし、「斎藤酒場」もいよいよ娘さんが女将として板についてきた、とまあこればっかりは仕方のない代替わりですがね、でも客が店の流儀をこよなく愛して、呑めるうちは毎日やって来る。もう命懸けで呑みに来る。でもね墨東酒場の良さはうーん、「千ベロ」だからだけじゃーないんだなー。

お馴染み達は酩酊するのが主たる目的ではないのよ、この場で今日も過ごしたくて通うのよ。森賢さんいわく、下町のパブをイギリスじゃ「ローカル」と呼ぶ、これだね。それともうひとつ、客がうまく代替わりしてるってこと。

昭和二十年代後半から、五十年代後半。東京は勤め人や学生が大手を振って歩くまちになり、ぴかぴかの高層ビルやつるつるした路面ショップがハイカラの代名詞になった。だから戦前からの上野、浅草、錦糸町と東っかたの盛り場がすたれた。でひとは渋谷から西へ西へと移動がつづく。盛り場も呑み屋も西へ西へ。隅田川から多摩川ね。

ところがどっこい、じつは上野駅にはその後も集団就職や出稼ぎ族が到着するんだ。大卒ブームになっても中卒高卒の終点は「ああ上野駅」。そして川口、赤羽、四ツ木の町工場へと散らばっていく。かくして東北からの労働者諸君は、まごうかたなき酒客見習いとして、先輩に教えられた酒場を保守することになる。もともと呑んべぇの血筋濃いよー東北人って。でしょ。下町酒場のしぶといのはそういう事情なのさ。

というわけで、こないだまで泥臭い、時代遅れとかで寄り付かなかったのに、「下町のぬくもり」やら「昭和な街並み」がステキだと潮目が変わったとたん押しかけるおのぼりさんを尻目に、「俺の居酒屋」に「俺の席」がある伝統の国民酒場は今宵も更けてゆくのであります。

日本堤「丸千葉」はいつかも紹介したけど、大将やっちゃんの客あしらいがバッグンでね。返すひと言二言が小気味よくて、追加をひと品頼んだだけなのにじつに嬉しくなる。京都・川端通りの名店「赤垣屋」に匹敵するね。

ホスピタリチィーって云うの？　最近はさ。昔は気働きって云ったもんだけどね。ウチの客みーんな気分良く呑んでってと気持ち張ってるのが伝わって来る。ここじゃーこれからの季節はなんたって「ねぎまぐろ煮」。これで午後二時からぽわーんと呑んでてみなよー。極楽ですぜ。辺りは吉原大門、泪橋、そして荷風さんの浄閑寺……と来る。いやいやあっちの世界まで行っちゃーまずいね、あはは。

さっきも出したけど錦糸町の「三四郎」ね。とっても失礼な物云いだけれど、女将さんの月金の着物姿と土曜日のちょいちょい着の感じと、どっちのたたずまいもたのしみなんだなあ。それでさ、錦糸町・競馬の友はもっちろん、年季の入った呑んだくれ達と女将さんとの柔らかな会話でついついなごんでしまう。この感覚ってなんだろねぇ。ひっきりなしに遠征の客も来るんだけれども、すうっと「三四郎」の客にしてしまう。

肴がまたいいの。日本人はどうしても魚で呑みたいってのがある。ここはとにかく「まぐろぶつ」「たこぶつ」がお得で旨い。でもって鰻もどじょうも焼鳥、焼きとんもある。食事できるからカップルも多い。東京の東っかたでいまいちばんの国民酒場ですな。

錦糸町から東陽町に向かい、四つ目通りに面した住吉「山城屋酒場」も典型的国民酒場。常連さんも見覚えのあるご近所さんが本日も一番乗りしてた。大おばぁちゃんから家族三代目だものね。

ここのビールサーバーは特製で生ビールのタンクが三つも入る代物。大事に使ってるねえ、もうこんなの他所にない。ふた昔も前に改装したのに先代の品書きがまんま掛かってる。だから値段もほとんど同じ。しらすおろし、もずく二五〇円、いわしみりん干し三五〇円、高清水四〇〇円よ。大鍋の丁寧な煮込みも国民酒場のお約束。白いかを頼んだら耳が付いてきた。

「ほたての煮こごりもー」って云ったら奥から女将が「あー終わっちゃった、ふぐの煮こごりでいいですか」だって。悪いわけない。

こういうのが嬉しいねえ。ここの二代目女将は女優の中田喜子似です。と、勝手に思ってるんだけど。どうよ。そういえば下町じゃーないけどさ、中田喜子似つながりで（これも勝手ね）、あの神保町の「ランチョン」のママさんも十一月末で引退宣言されました。

こちらは小柄できびきびした人気ママ。なんと古稀には引退するんだって決めてたらしいけど、とてもそんなお歳には見えません。いつまでもお嬢って感じ。で、彼女の最終週には常連だった吉田健一の想い出を聞かせてくれて有難かった。もちろんオレらは、これからもずっとお店に通いますからね――とママに誓ったわけでありますな。

墨東界隈酒場巡り、ぞめきなんて書いたけどけしてひやかしのつもりはない。

自分ちの風呂が壊れて、町内の銭湯は今日休みだし、隣りまちの風呂屋に出張って来た感じ。多少の緊張感ともの珍しさね。今回は素見で終わったけどまたすぐ気合い入れて来るからねー。


（二〇一五年冬）

［二〇二三年追記］

こないだ「丸千葉」で、国内線のＣＡさん二人がまわりと馴染んで和気あいあいと呑んでたよ。フライトで東京に来たら必ずここに来るんだと。いいねえ。酒場のなごやかさはひとのしあわせにつながってる、と思う。地方空港と成田・羽田往復の合間、癒しのハブが日本堤のやっちゃんの店なんだ。これぞ国民酒場、予約席あるよー。

春のカクテル

いい季節になったねぇ。

そぞろ歩きで夕暮れどきのまちをひやかしてるとどこからか花の匂いが漂ってくる。軒下の梅や躑躅の脇にかたばみ、小手毬、すずらん、ホトケノザなんてのが咲いてると嬉しくなって「一杯いきますか」てなもんだ。

桜が満開になればもう堪りませんな。昼から繰りだしますな、呑み助たちは。

そんな花見どきのバーでの一杯目は決まって「春のカクテルください」。

このひと言でバーマンと会話が始まり、流行りのリキュールやカクテルの話を教えて貰う。

一番手はパレスサイドホテル東京の「ロイヤルバー」。

云わずと知れた名門で日本のマティーニの歴史は、東京會舘と此処でつくられた。よそのホテルのバーが、ご時世で次々とノーネクタイOKになっていくなか、最後までドレスコードにこだわったのはこのホテルだったね。

間合いをゆったりさせたカウンターに座って、まずはニコラ・フィアットのロゼを一杯いただく。で、おもむろに「春を一杯」所望しますと、予想通り「スプリング・ビューティ」来ました。ふふ。

ひと昔前だとリキュールやフルーツ単品をソーダで割って「季節のカクテルです」……なんてのが多かったけど、これは梅や杏やいくつもの花の匂いが時間差で立ち上ってくる。色も諧調が艶やかでいかにも春。進化してるね、さすが今月のお勧めカクテル。なんと婀娜っぽい色どりだこと。

お次は東京駅ステーションホテル。

云わずと知れた杉本さんの「バー・オーク」へいざ。

驚いたのは、宿泊客とおぼしき白髪のご婦人が独りでマッサン・テイスティングの真っ最中だったことですよ。

真ん丸氷のはいったロックグラスがすでに四つも並び「次は〝響〟の十七年を」と……朝ドラ人気でこんなお客が増えるかも、と思わないではなかったけれど実例を初めて拝見(失礼)。

で、杉さんに「今日の用事はこの呑み比べだけ。あとは部屋に戻って休むの」とおっしゃる。やるなー。

出端をくじかれそうになりつつ、こらえて「春のカクテル」を注文。

すると杉本さんは、くるっと身を返してさっと「ミドリ」とウオッカを摑んで正面に。グレープフルーツにレモンピールを加えての即興カクテル。いいねぇ、これこれ。年季のはいったバーテンダーがその場でつくってくれる、そのときだけの「名無しの春カクテル」。

そしたらね、くだんのご婦人がさ「最後に春のカクテルください」って真似したの。

杉さん、半分苦笑いで、でも「ヒプノティック」というパッションフルーツ・リキュールとライムジュースを使った、いかにも旨そうな一品を供してくれた。しかも名無しじゃなくてこっちには「春の空」って名前も付けてくれたでないの。なんかね、この始終でカウンターの空気がすっとほぐれて、皆がいっときの連帯感……バーっていいな。

ところでなんで今回は〝春の一杯〟かというと、はい、お察しの通り。春の宵にお連れ様とお出かけのあなたのためにですよー。

二人で頼めば春のカクテルがふたつたのしめますからね。

で、土日もやっている神楽坂「サンルーカル」に出かけたら、さすが優等生。黙って出してくれたのが「スプリング・フィーリング」。

ジンとシャルトリューズとライムジュースでの大定番。すっきりサッパリ、新橋さん、あなたのカクテルになってますよぉ。

二杯めはエルダーフラワーとシャンペン、グレープフルーツを使っての「エルダーフラワーノ」でした。パールイエローのきれいなこと。

どうやら最近のバーのトピックは「エルダーフラワー」〈西洋ニワトコ〉だね。このハーブのシロップやリキュールを使ったカクテルがニューヨークやEUで人気なんだと。で、今まで業務用しかなかったのが四月から市販されているのですな。そういえばカクテル巡りの景気づけの一杯をやろうと、ご存知、銀座の狭小スタンドバー「MOD」に寄ったら桜花入りシロップをくれた……桜花蜜漬、つまり「春カクテルの素」だった。さすがバー業界の先取り。銀座らしいやね。

銀座六丁目の老舗バー「絵里香」の春の一杯は、ドライジンとシャルトリューズだけの「スプリング・フィールド」。潔くていいね。

ここはウイスキーにスプーンで一杯ずつ水を加えて味と香りの変わるポイントを見つける「加水」が面白いの。なるほどこれも一種のカクテルだね。年季もののモルト手に入れたら、自分ちでやってみたくなった。

そうそう最新のリキュールもいいけどさ、その季節ならではのフルーツを使ったカクテルも楽しみなわけでね。銀座八丁目「ステラ」の、文旦をたっぷり使った春カクテルはよござんしたね。これまた。

はい、まち場のバーも覗いて来ましたよ。茗荷谷駅から二分、小石川「バーブ」の一杯目は、カルバドス、イチゴ、「せとか」を使ってのなんだか贅沢なジューシィ・カクテル。その名も「スプリング・ストーム」と来たもんだ。

それと、新鮮ライムのジントニック。実はいまライムが美味い最後の季節とか。だからジントニックも旬のカクテルなんだ。いいねえ。さすがあき代ちゃん。

カウンターのバスケットには〝はるみ〟とか〝たまみ〟とか高級柑橘系が山盛り揃ってる。どうやらいまここの常連さんは、旬のフルーツ・カクテルを即興で作って貰うのがブームらしい。いいねー。

同じ春日通りをずいーっと御徒町に向かいまして、お馴染み湯島のピカ一バー「琥珀」。はい、アケミさんこんばんは。

「春もんをひとつ」とお願いしますてぇと、ずばりその名も「さくら」をつくってくれましたよん。

これほんとに花びらが浮いてるの。シェイクしたらふつうは沈んじゃうはずなのに……そこは木村さんのこだわり、ちゃんと浮かんでる。「不忍池の花の咲く季節の蓮みたい」ってアケミさんがそっとフォロー。そして「エルダーフラワー」のリキュール、元祖サン・ジェルマンの瓶がいつのまにか目の前に置いてある。流石。

ということでここまで来たんじゃー浅草にも足のばしますかね。

てんでまずは浅草「サンボア」さんで、今回最多エントリーの「スプリング・フィーリング」を一杯。

ただしここの新谷さんのはとびきりのドライ。はい見事にサンボア流であります。くぅーっ。勢いついたところで「バーリィ浅草」にまいります。

おや、ワタシが今宵は初めの客ですかな。

「えー春のカクテルを」と云うと、「なに洒落くさいこと云ってんの」と茶目っ気顔でマスターが茶化すわけです、これが。

まち場のバーは数々あれど浅草てー場所はあーた、お分かりでしょーが、バーでもなんでも職人の気質が違いますところでしてな、

「あのータンサンにリキュール垂らしたような……でなく」

「じゃ、それ行きましょう」

「いや、でなく……」

「行きましょう」

——結局一杯目はタンサンにエキス垂らしたみたいの、いただくわけですな。ビール替

わりってことで。はは。

冗談はここまで。

その日のバーリィのカウンターには、ミモザの花がいっぱいに活けてあった。千葉県は野田のミモザとか。

こうやって一年中四季の花を飾って客を歓迎するのが張ってる店というもの。「琥珀」もそう。そして、ミモザの見事な枝ぶりと愛らしい花を観ながら、春のスタンダードカクテル、「ミモザ」をいただく、という粋をたのしんだわけであります。

それとおもむろに出してくれた手づくりチョコの、なんとコクと旨味の強いこと。酒に合うねぇ。隠し味どころか生の胡椒がなんとも際立ってます。

ごっそうさん。

おしまいは、いよいよ浅草「神谷バー」に出撃ー。

ここバーなの？　という御仁もいるかもしれないが、元々れっきとしたバーだからね。しかも日本のバー第一号らしいよ。まず開店が十一時半、これホテルのメインバーとおんなし。それに天井見上げてご覧よ、びっくりするくらい電球があるでしょ。かつてはね、この照明に沿って蛇腹状のカウンターがどーっと並んでたの。ハイカラだったのよーこのカウンターで呑むのが。

ってことで神谷バーでひっかけたら今度は隅田川、大川の土手にあがる。

で、桜の木の下でぐるりと回る。

お腹ンなかには電気ブランとチェイサー替わりの生ビール、頭や肩に桜の花びらがひらひら……でもう一回転するわけですな。すると、
さーてお立会い〝人間カクテル〟の出来上がりィー。

これが本日の春酔いカクテル一等賞でござーい。わはは。

え、駄目かい？　それにすぐ桜が散っちゃう？

大丈夫。そしたら
「五月のカクテルください」

って云えばいいんだから。


（二〇一五年春）

［二〇二三年追記］
バーに行けば、どうしても一軒じゃすまない。ね。あちこち入りびたってグラスを舐めてる「バー・フライ」……バーのハエとはよく云ったもんだ。アメリカでは、ヘビー・ドランカーとか酔っ払いにも使うし、たかり屋（ムーチャー）のこともこう呼ぶ。映画やドラマで、すっと隣に

寄ってきて一杯ねだる奴が出てくるシーンがありますな。「バー・ホッパー」は、やたら河岸を替えたがるはしご癖の連中（ワタシもだ）のこと。イギリスだと「バー・クローラー」で、水泳のクロールと同じ言葉。陽気な酒でバッタみたいに飛び跳ねるか、酔っぱらって虫のように這いまわる感じか。似たようなもんだけど、お国柄が出てる気がします。

コロナ禍がつづいてる。キビしい世情はどのご商売も変わらない。「神谷バー」も間仕切りや相席なしにしての鋭意稼働中。定休日を火曜から月曜に変更、そして十一時半の開店が十一時からに。浅草に来たら寄っとくれー。

日本酒のカナヅチ

　このところ「江戸東京たてもの園」が贔屓であります。両国の江戸東京博物館分館として十年前に出来たもので、武蔵野台地は小金井公園のなかにある。此処に、移転する前の「鍵屋」が移築されていて、いつか見たいと思いつつ行けなかった。それが思いがけない平日休みのおかげで来訪できた。

　はじめは鍵屋だけ覗いて帰るつもりが、江戸期だけでなくて、明治・大正・昭和のモダン建築も復元されていてつい長居してしまった。どこかの郷土資料館のように、ドラマのセットふうで店先・軒下以外は立ち入り禁止、ではないの。建物丸ごと展示だから、室内を歩き、庭や裏手に回って普請のディテールを味わえるというわけ。しかして〝昔道楽〟としてはリピーターとなった次第。

　でね、鍵屋も良く出来ていて、のれんをくぐると燗付け器に徳利、猪口が揃っていて樽椅子に座れる。はじめは酒問屋であとから酒場を開業したそうな。安政三年だから百五十年前の建物に昭和居酒屋の道具立てがぴたり。ほんものだ。軽く一時間ほど園内を散策。またのおたのしみを残しつつ、さて此処を出たらどこに行きたいか。

決まってるでしょ。そう「じゃ、これから本物の鍵屋で一杯やりますか」がいちばんよろしい。たまたま連れがいるときも、普段は日本酒党じゃないのに皆「行きたいー」となる。分かるでしょ。

でもここから根岸までは一時間ちょい。本日はまだ昼時だし、のどもかわいた。鍵屋は五時からだし待ちきれない。さてそんときは、武蔵小金井の駅前に戻って、のれんをくぐる。鰻の「美登里」。創業が大正十年、戦前は数寄屋橋にあったというから此処に疎開してきて、戻り損ねた組かなー。そういやうちの父方も江戸っ子家系から会津に疎開しそのまま居ついた組で、ま、よくある話ではある。

うちで一杯呑んでってよ、と何処にも書いちゃいないが入ればすぐ判る。カウンターと品書きの風情でね。エビスの生をいただいて、うまき、肝焼き、かぶと焼きを肴に剣菱か浦霞をやるのがおしきせ。

この辺りはあの新門辰五郎と兄弟分で千人以上も子分がいたという俠客、小金井小次郎がいた土地柄。そんなことゆるゆる思いながら乾杯。

そのうち白焼きと蒲焼が順に届く。お燗、お代わりねー。焼きは備長炭でふっくら加減がいい。年季の入った糠床かな、お新香も旨い。鰻屋で昼酒。よーがすなぁ。

でもね。こんな呑み助に有難い店に限って、ブログではあんまし評価されないみたい。不思議。お店の半分側しか見てない気もするけど。なんて口が過ぎないうちに、鍵屋を見たあと何処行くの問題に話を戻しますと、たてもの園を出るのがそろそろ夕方なら、迷わず行く先は阿佐ケ谷の北口、その名も「燗酒屋《かんざけや》」。五時開店。

ここはお連れさんがいるときにとくにお勧めで「日本酒はあんまり……」という方にぜひ。日本酒が苦手なひとは酒場と聞くと、健さんの映画「居酒屋兆治」を思い浮かべてしまうでしょ。あすこにいきなりは馴染めない。一升瓶からコップ酒ひやで、の世界はちとハードです。

その点ここは、柔らかーな店構えで酒客もいい。

お約束のL字のカウンターで和服姿の女将の、気を張った立振舞いを眺めながら、お通し、刺身、煮物、焼き物の丁寧な肴でお燗をいただく。どちらかというと小料理屋さんぽいかな。のどぐろの一夜干しやたかべの塩焼き、旨し。お酒は白鷹がワタシのおしきせ。

同じ料理でもお父ちゃんが酒でつまむと肴だし、家族がご飯と食べればおかずだよね。ご飯のおかずは〝菜〟といい、酒の場では〝肴〟になる。

お椀もそうで、本来は吸物は酒と、汁物はご飯と、と区別するのが和食文化。で、家庭の味とは別立てに、料理屋というものは、日本酒を旨くさせる肴をずーっと工夫してきたわけです。日本酒に特化したつまみ。ここポイントね。

日本酒オンチ（失礼）、日本酒のカナヅチさん（変わんないか）には、この酒肴文化の粋を舌で判ってほしいんだなぁ。

それで鍵屋が古き良き居酒屋の典型だとすると、まちの呑み屋が正調居酒屋かどうかどこで判るか。それはカウンター、燗酒、品書き。この三つです。

まずはお燗器でなくていいけど、燗つけは人の手でやるもの。「お燗ごころ」という。これがあるかないか。

次はカウンターがあること。L字とかロの字とかね。で、店主と隣りの客と自分の席と一線を画す、見えない結界が見えるひとが客としてはのぞましい。酒場の席一人分は一尺二寸と心得るひとを酒客といいます。

鍵屋は、映画「ALLWAYS 三丁目の夕日」にも登場してる。多少手狭に造ってあったけど、なるほど鍵屋だった。ヒロミの始めた居酒屋という設定で何度か登場するんだけど、ブンガクがヒロミにプロポーズする大事なやりとりもカウンターでだった。

そして三つ目。品書きは手書きであること。テーブルに置きっぱなしの年中同じメニューでなく、ね。日本酒をさらに旨くする肴だもの、旬のもの、つくり置きしないもの、日替わりで書き替えないとね。当たり前だけど。

で、いい居酒屋の品書きはどれも味があって、字を見ただけで旨そうに感じる。「燗酒屋」の女将の筆書きもいいんだこれが。

四時から開いてる湯島の「奥様公認酒蔵 岩手屋」、ここの品書きもいいよぉ。六月中旬の肴は、たらこ／くさや／いかの丸干し／うるめ鰯／たたみいわし／しらすオロシ／お新香／莫久来／ほや／まつも／小岩井チーズ／蝗《いなご》／南部せんべ／らつきよ／鯨のベーコン／つぶ貝わさび漬け／みつ葉と小鯛和えもの／茄子のしぎ焼き／やきおにぎり／おでん／南部素麺／冷奴　とくる。加えて本日のおすすめは、

鮎の一夜干し／関八と伊佐木のお刺身／鰹のづけ／合鴨のつくね／麦烏賊の湯上げ／新玉葱と鯵の串揚げ／枝豆（茶豆）／（新物）蓴菜《じゅんさい》／蕨の酢みそ。そして日本酒は、八重桜／南部美人／酔仙／南部月ときたもんだ。どーよ。こんなのアテにして酔仙のぬる燗、呑んでみてくださいな。もう日本酒スイスイ、だよ。

さてそれからやっぱり日本酒は旨い魚で呑みたい、もの。鍵屋直行コースからすっかり外れたけどいいやね。

もうひとつ別ルート。中央線で新宿乗り換えでなんと渋谷へ。

渋谷でむかしから旨い魚で一杯やる店といえば「玉久」、そして「三魚洞」がありますな。酒と肴保証いたします。ただし鍵屋につながる居酒屋の造りではありません。しいて云えば〝酒肴亭〟の構えです。

どちらも四時からやっていて文人墨客が贔屓にしてた店。何度もご紹介済みだけど、なにせあの志賀直哉はじめ、広津和郎、安岡章太郎、丸谷才一とくる。「三魚洞」は、クレージーキャッツの石橋エータローの父親、福田蘭童が始めた店。魚釣り、陸釣りどっちも有名で志賀先生に可愛がられた蘭童さん、随筆家でもありました。

この「玉久」では「今日はこちかまは？」と聞いて「あるよー」ならぜひ。いつ食べても旨い魚です。お連れが「これにご飯ほしいー」、なんて云ったらイイ線いってきた頃合い。そこで液体のご飯をクイッといってみよう。ね、あら不思議。忠勇のひやでもお燗でも美味しく呑めるでしょ。

こうして、いつしかたてもの見学の帰りは、御酒と肴付きの酒肴のレッスンときたもんだ。あれ、鍵屋に辿り着いてないか、ははは。でもたのしいー。

はい、本日ご紹介のどれも、いま東京の酒肴文化の横綱なんじゃーないかな。

いい店なのによんどころない事情で閉店する店も多いけれど、まだまだこのまちはしぶといよ。「昔道楽」や「酒道楽」たちは近頃、古道具屋で銅壺を集めたり、特注のお燗器をウリにして気合の入った燗酒酒場をはじめてる。張ってる店があることがまちの活気だしね。ここぞという店に通ってくださいまし、ね。

日本酒のカナヅチすぐ治りますよ。

（二〇一五年夏）

［二〇二三年追記］

くさやを焼いてくれる店がずいぶんなくなった。「伊勢藤」、「ふくべ」、「岩手屋」……山の手の酒場じゃ数えるくらいになった。御酒のアテにこんなおあつらえ向きはないのにねぇ。一人が頼むと必ず追加がはいるのもお約束で、店内は匂いがたちまち充満だけど、なぜかみえない連帯感が生まれるのね。くさや好きの酒友が連れて行ってくれた店で、「いつものやつね」と彼がいうから待ってたら、酒じゃなくてくさやだったの。さすが過ぎるわ。一年中旨いと思うけど、くさや好きは旬を大事にする。春のトビウオ、夏のムロアジ、そして脂ののった秋のムロアジと、色々たのしめるのだなあ。日ノ本の干物文化、発酵文化にバンザイ。

独酌の時間

酒場じゃ上向いて呑む人と、下向いて呑む人がいる。

うん、連れがいるときは相手の顔見ながら杯を傾け、一人だと自然に杯を相手に呑むってわけね。断然ワタシは一人酒場に居る時間ほど有難いものはない、という独酌派ですが、近頃はちょいとコツが要るようになってきた……まー聞いとくれ。

独りで呑むのには何処がいいか。相も変わらずわが定席の大塚「江戸一」や神楽坂「伊勢藤」、日本堤「大林」のように、いい店ってのは初めてだろうが連れがいようがいまいが、常連とおんなしに呑める店なわけで、いつ行っても上向いて呑んでる客と、うつむき加減の客とがうまく調和してる。いつ行っても安心さね。

でもここのところ、隣りの客に話かけるお喋りさんが多いのよ。

別に声かけられるのが嫌というんじゃない。常連さん同士の何気ない会話もたのしい時間だ。ただ、まち場ってのは普段から他人の生活を邪魔しないとこだし、相手が望まないうちは口出ししない。呑み屋で初手の他人にいきなり話しかけるなんてことはしない。なーんてことが通じなくなってきたのよーと愚痴っぽく思うけれど、じゃー一人でじっくり呑めるほかの酒場を開発したら？　となるね。そうなのよ独酌の場を増やせばいい。一人カラオケに一人焼き肉、お一人様の時代だものね、カウンター席を狙いますかね。

いや、でも寿司屋、焼鳥屋なんかは客と大将との対面商売でしょ、大体が。

孤独のグルメなんていうけど、じつは大将と結構会話するよね。というか、しないと注文にならない。

そのうちぽつりぽつりと別な話をするようになり、いつの間にか大将の仕方話を聞かされる……それを覚悟して行くことになる。無口に黙々と食べるのもなんだし、無口すぎる大将ってのもまた気づまりだし。こっちが気を遣うってどーよ。そしてやがて、馴染みの大将と談笑するのが趣味の御仁が大声でしゃべってる店に……駄目だこりゃ。はは。

そんな気を遣いながら呑みたくないなーていうんなら、立呑み屋があるわな。ワタシの好きな上野「たきおか」。はい、此処はいつでもOKよ。

「お一人様ー？」「はい奥どうぞー」「次、四人さん！」「はい、奥へー」てなもんで、客を詰める詰める。週末なんざ百人からの客が、ギュウギュウ相席なのに文句も云わずに愉快に呑んでる。

忙しくて客の愚痴なんか聞いてらんないよ。悪いけど。でも独酌もん大歓迎。立呑みってそういう処だもの。喧騒のなかに身を浸して、独りを感じつつ呑む。二律背反だけどこれが人間という生き物だ。而してこれぞ国民酒場。独りもんの強い味方だね。

そういえば独りになりたいとき、どうしても人と会いたいとき、この両方が叶う場所に、喫茶店という手があったっけ。

中学時分にコークハイ頼んだだけで不良気分になったり、デートの真似事したのが懐かしいご同輩もいるでしょ。浅草の呑み食いはさんざん書いたつもりだけど喫茶店もまたこの土地は、〝らしい店〟ばっかりなんだ。「アンヂェラス」、「ボンソアール」「ムルソー」「ロッジ赤石」、「アロマ」とくる。

読みかけの本のつづきを、と思って入るんだけど、つい聞くつもりないのに隣りの話に耳が寄っちゃう。ここら辺の濃いー人間関係が垣間見えて、浅草の喫茶店は面白過ぎるのよ。だいいちアルコール置いてあるのがフツーだしね、これまた。

次に思い付くのは蕎麦屋だね。ここなら一人席でゆっくり……いやいや、それが近頃は、浅草「並木藪」も連雀町「まつや」も日本橋「室町砂場」も開店から昼どきが終わるまで、客入りのすごいこと。とても一人だからといってスッとは入れない。

それでも室町砂場なら、昼が比較的早く空いて、一時半から五時の夜時間までが独酌の

Kです。此処は江戸生粋の下町センスが昇華したような店。七、八年前になるかな改装したけど、ゆったりした造りは変わっていない。

ここは客筋がいいの。趣味のいい服装のご婦人方とソフト帽の似合う紳士がご常連。「ひろうすって何」「がんもです。龍のアタマみたいなんで飛龍頭と」「このネギはどこの」「下仁田です」。

客に言葉を返す仲居さん達の、年季の入った丁寧な応対を聞くともなく聞きながら、江戸の意匠に囲まれて手打ち蕎麦で呑む幸せ。よござんすなぁ。

店にはそれぞれの時間割というのがあって、独り酒が楽しめない時間帯もある。口あけがベストの処もある。女将さんが独りでやってる阿佐谷「燗酒屋」みたいな小体な店、ね。カウンター八席だから、常連さんが現れる時間になればどうしても、常連さん同士の会話が増えていく。ときに熱弁になって間に挟まれた客は……なんてこともある。話の輪に加わることも出来るけれど、今日はちと考え事をしていたいなという日もあるでないの。

だからこの店に行くのは、灯りがともった時分に入れる日。うん、かえって一番客で呑める贅沢な晩でありますな。常連さんが集まり出す頃に、いいころもちで、はい入れ替わりーっとね。

同じく口あけ狙いがOKなのが、意外に浅草「神谷バー」ね。

改装で狭くなったといっても開店前から並んだ二、三十人が、すーっと入れてしまうからね。懐が深いよー。

そういえばビアホールもそうだね。大箱で稼ごうってことだから、一人も団体もオープンから大歓迎。しかもビアホールには、いつかも書いたけど日本酒があるのがいい。神保町「ランチョン」も新橋「ビアライゼ'98」も大好きなビールの独酌場だけど、なんたって最近の気に入りは、神保町・学士会館のなかの「セブンズハウス」。

学士会館は旧帝国大学の親睦施設として知られた建物ですが、一般客もフツーに利用できます。

さーてここは、極め付きの口あけからOKの店。開店はなんと九時半。この時間から呑めるし、昼も夜も通して独りの時間をたのしめる。ホテルとバーとレストランとが一緒になった渋い空間。茶色が基調なんだけど、ホールやトイレのアールデコの意匠は一見の価値ありです。教授や作家の打ち合わせをBGMに、レベルの高い料理を酒のアテにして呑んでいられる。ここは精養軒の系列だから筋がいいの。しかもリーズナブルです。柿の種でビールもやれるし、懐かしの小岩井レーズンバターもあるよー。

そうそう、ホテルのバーならいつでも一人客が静かに一杯やれるはず、と思うよね。これまた最近はそうでもない。一人じゃ間の持てない、話したがりの客がね、バーにも多いのよ。

十人席のカウンターで客が四人もいるのに、バーテンダーを独占したがって、はんちく垂れてるおっさんがいるのよ。これまた。

うんちくじゃないよ、はんちくね。自分も日々酩酊しながら、粋と野暮のあいだを生きてるから立派なこたぁ云えないよ。でもね、どちらかといえば粋であることを好むのがこのまちの肌合いなんだと思うよ。酒呑みの要諦はただひとつ、隣りの酒をまずくしない。

これに尽きるんだけどねぇ。

こういう手合いには、もう少しよそで修行してもらいたいと思うね。

そうねぇ池袋「ふくろ」や赤羽「まるます家」辺りで、ちとヤバそうな隣客に声をかけられてもうまくいなしてさ、あいにくワタクシ、本日はお一人様での呑み日となっております、と信号を送れるようにならないといっちょ前の呑んだくれではありませぬな。はは。

だから近頃の、海外からの進出組ホテルね。立派な造作のバーは、都会のさんざめきやカクテルを一杯だけたのしむには良いけれど、隣りの客がいまひとつなのね。独りでやる本来の止まり木としての風格を醸すのも、いい客がいればこそ。行くなら旧いところがいい。

たとえばどこ？　と聞かれれば、帝国「オールドインペリアルバー」やパレスの「ロイヤル」ということになるのかな。やっぱり。

それとね、呑むにもふたつあって、どうしてもあいつと呑みたい夜もあって、どうしても独りで呑みたい夜もある。

けど田舎じゃこれがなかなか出来ない。すぐに「あいつ最近、独りで呑んでるらしいよ、なにかあったんじゃないの」と来るものね。口さがない世間から逃げられない。いまだにね。だから、ある作家はこの都会で暮らす良さのことを〝魂の自由代〟と書いていた。東京の土地代が高いのもしょうがない、とね。

つまりはそういうこと。


仕舞いにひと言。

この拙い連載を読んでくれていつか大塚・江戸一を訪ねてくれた兄さん達、ありがとうね。女将さんに聞いて嬉しかったですよ。

しみじみポワーンと独酌できる東京酒場の有難さ。上等の酒肴と上等のひとに巡り合える偶然に感謝しつつお開きといたします。


（二〇一六年冬）

［二〇二三年追記］

木挽町の蕎麦屋のご案内の時にも書いた話。焼きものは手づくりだから同じ形のはずの徳利でも、同じものは一本もない。お燗番なら皆知っているが、わずかに重みや肌理、塗り具合、凸凹の加減が違うもの。そしてだから、徳利から一杯目を猪口に注ごうとして、どうかすると徳利の口からこぼれた一滴がつっーと垂れて徳利の表面にぴたりと留まることがある。ふと徳利にとどまりし御酒のしずく……これを何と呼ぶべきか。知人の英国人はすぐに「ティアドロップ・オブ・サケ」と云ってくれたけれどもね。うーん……その後も「酒泊まり」とか「玉の姫」とか思案してますが決定打いまだなし。暫定案で「酒玉《さかだま》」で通してますが。どなたか妙案ありませんか。

あとがき

まえがきに、連載は福田氏に勧められてと記した。まったくの話、氏が担いでくれたおかげだ。

その福田氏の大の親友に澤口知之という料理人がいた。六本木、星条旗通りを入ってすぐのところで「ラ・ゴーラ」というトラットリアをやっていた。日頃からイタリア二十州全部の郷土料理出すよ、と豪語していた。

六年前、五十九歳で亡くなってしまったのだけれど、くだんの『en-taxi』のレギュラー執筆陣でもあり、毎回、彼の料理と同じで濃厚な匂いをぷんぷんさせた随筆や対談を載せていた。その尋常でない才能ぶり。目茶苦茶ぶりとも云ったな。はは。で、めずらしく彼から相談があったのね。いまの店をたたみ、出資者を募り別の店を出すという。どんな店にするか思案中なんで、呑みながら話したい口振りだった。なるほど了解。というわけで、自分の贔屓筋をフルスロットルで案内しようでないの、と決めた。待ち合わせはわが根城の山手線、大塚駅前。その名も「立飲みコーナー大つか」。つまみは二十年前当時でたしか一七〇円均一。ガラガラ声で切盛りするママの利発さ、手際の良さ。立呑みのお約束、ダークダックススタイルでたのしむ超絶人気の国民酒場でありました……ここからはじめて七軒はハシゴしたさ。もっと行った気もするが覚えてない。二人のいいとこは、いくらでも呑みかつ喰えること。わはは。で、こっちとしちゃ何かしらヒントになればと、ガスコンロひとつの狭小キッチンでフレンチを謳うビストロとか、銀座級の仕事したネタを銀座の半値で供する鮨屋とか、とびきりキレのいいカクテルをつくる小股の切れ上がった女性バーテンダーの店とか、ここぞという店に引き回したわけさ。

そしてねえ、いよいよオープンしたらもうびっくりしたのなんの。

だってさ、まず客席よりキッチンのほうがズドンと広くてまったく仕切りのないオープン空間。で、料理はメニューがなく希望は聴くが基本、おまかせだけ。ワインリストもなく基本、おしきせを出すという。煙草はオーケーだし、おまけにこの広い店をホール一名、キッチン二人でやるという。わたしが案内したのとまるで真逆の店だったという。やられたね見事に。

こうして、彼の「リストランテ・アモーレ」は以前の店の裏手に開店するや、たちまち内外問わず名だたる物書きやクリエイター、編集諸氏らが夜な夜な蝟集し、福田組の文芸梁山泊と化し、まぁ長らく活況を呈したねえ。皆が集い、呑み、喰い、語り、喧嘩した懐かしきひと時代――。

だから彼がいなくなってから、あの日の引き回しは、もしかして酒場道楽のわたしの、人生で稀な武功だったのかなと、ときどき思い返している。

最後に、連載中から読んでくれて単行本化を実現、面倒をみてくださった担当の渡邉大介氏へ――明敏で悠揚な編集者との共同作業ほど有難いものはありません。この場を借りて心より感謝申し上げます。

二〇二三年二月　向春の候

奥祐介

本書に登場する名店一覧　編集部篇

（二〇二三年一月現在。休業中の場合もあります）

東京の居酒屋四天王

・**伊勢藤《いせとう》**　居酒屋　東京都新宿区神楽坂四―二
・**松風**　居酒屋　東京都台東区浅草一―一五―六［閉店］
・**藪《やぶ》蕎麦**　蕎麦　東京都千代田区神田淡路町二―一〇
・**神田まつや**　蕎麦　東京都千代田区神田須田町一―一三
・**鍵屋**　居酒屋　東京都台東区根岸三―六―二三
・**江戸一**　居酒屋　東京都豊島区南大塚二―四五―四

昼酒礼讃

・**ランチョン**　ビアホール、洋食　東京都千代田区神田神保町一―六
・**レバンテ**　ビアレストラン　東京都千代田区丸の内三―五―一［閉店］
・**ビヤホールライオン銀座七丁目店**　ビアホール　東京都中央区銀座七―九―二〇
・**ピルゼン**　ビアホール　東京都中央区銀座六―八［閉店］
・**灘コロンビア**　ビアホール　東京都中央区日本橋三―三―一四［閉店］
・**正直ビヤホール**　ビアホール　東京都台東区浅草二―二二―九
・**酒場 ふくろ**　居酒屋　東京都豊島区西池袋一―一四―二
・**室町砂場**　蕎麦　東京都中央区日本橋室町四―一―一三
・**神田まつや**　蕎麦　東京都千代田区神田須田町一―一三
・**並木藪蕎麦**　蕎麦　東京都台東区雷門二―一一―九
・**オールドインペリアルバー**　バー　東京都千代田区内幸町一―一―一　帝国ホテル東京

浅草呑み処案内

・**松風**　居酒屋　東京都台東区浅草一―一五―六［閉店］
・**酒の大桝《だいます》 雷門店**　居酒屋　東京都台東区浅草一―二―八
・**468《ヨーロッパ》**　寿司　東京都台東区西浅草三―二三―一四
・**ぬる燗**　居酒屋　東京都台東区浅草三―二〇―九
・**あづま**　中華料理　東京都台東区浅草一―一三―四［休業中］
・**鮨松波**　寿司　東京都台東区駒形一―九―五
・**とんかつすぎ田**　とんかつ　東京都台東区寿三―八―三
・**キッチン南海 蔵前店**　洋食　東京都台東区蔵前四―三一―一〇［閉店］
・**煎豆ほていや中塚商店**　豆菓子　東京都台東区寿四―一四―七
・**どぜう飯田屋**　どじょう　東京都台東区西浅草三―三―二
・**キッチン城山**　洋食　東京都台東区西浅草三―四―三
・**合羽橋ときわ食堂**　食堂　東京都台東区西浅草二―二三―八
・**神谷バー**　バー　東京都台東区浅草一―一―一
・**丸千葉**　居酒屋　東京都台東区日本堤一―一―三
・**大林**　居酒屋　東京都台東区日本堤一―二四―一四［閉店］

・カフェ・バッハ　喫茶店　東京都台東区日本堤一－二三－九
・うまいち　もつ料理　東京都台東区浅草四－一－一四［閉店］
・初小川　鰻　東京都台東区雷門二－八－四
・アンヂェラス　喫茶店　東京都台東区浅草一－一七－六［閉店］
・珈琲アロマ　喫茶店　東京都台東区浅草一－二四－五
・純喫茶マウンテン　喫茶店　東京都台東区浅草一－八－二
・山小屋　ラーメン　東京都台東区浅草一－一－一二［閉店］
・太陽　中華料理　東京都台東区浅草三－四二－四
・馬賊　ラーメン　東京都台東区雷門二－七－六
・博雅　中華料理　東京都台東区浅草一－一五－二
・来集軒　ラーメン　東京都台東区西浅草二－二六－三
・トラットリア FUKUHIRO　イタリア料理　東京都台東区浅草二－一八－一〇［閉店］
・バーリィ浅草　バー　東京都台東区西浅草三－一五－一一
・ザ・ホームズ　パブ　東京都台東区駒形一－六－一二［閉店］

冷やの季節

・虎ノ門鈴傳　居酒屋　東京都港区虎ノ門一－二－一五［閉店］
・ダブリナーズ アイリッシュパブ池袋店　パブ　東京都豊島区西池袋一－一〇－八 地下一階
・大衆酒場 斎藤　居酒屋　東京都北区上十条二－三〇－一三
・江戸一　居酒屋　東京都豊島区南大塚二－四五－四
・伊勢藤　居酒屋　東京都新宿区神楽坂四－二
・酒蔵秩父錦　居酒屋　東京都中央区銀座二－一三－一四［閉店］
・なべ家　割烹　東京都豊島区南大塚一－五一－一四［閉店］
・どぜう伊せ喜　どじょう　東京都江東区高橋二－五［閉店］

ビール天國

・ポンヌッフ　蕎麦　東京都港区新橋二－一七－六［閉店］
・ビヤホールライオン銀座七丁目店　ビアホール　東京都中央区銀座七－九－二〇
・灘コロンビア　ビアホール　東京都中央区日本橋三－三－一四［閉店］
・正直ビヤホール　ビアホール　東京都台東区浅草二－二二－九
・ピルゼン　ビアホール　東京都中央区銀座六－八［閉店］
・神谷バー　バー　東京都台東区浅草一－一－一
・TOKYO隅田川ブルーイング　ビアホール　東京都墨田区吾妻橋一－二三－三六 アサヒビールアネックス
・ビリー・バルウーズ・ビア・バー神田　ビアバー　東京都千代田区神田鍛冶町三－三［閉店］
・ランチョン　ビアホール、洋食　東京都千代田区神田神保町一－六
・セルベッサ　ビアホール　東京都港区赤坂五－一－三八 三階［移転後］
・ビアライゼ'98　ビアホール　東京都港区新橋二－三－四
・キリンシティ新橋店　ビアホール　東京都港区新橋二－九－六［閉店］
・銀座ライオン新橋店　ビアホール　東京都港区新橋一－一五－五

二－三階

・ザ・ローズ&クラウン新橋店　パブ　東京都港区新橋二－一四－三
［閉店］

・アイリッシュタイムズ　パブ　東京都港区新橋二－九－一六［閉店］

・新橋 DRY-DOCK　ビアホール　東京都港区新橋三－二五－一〇

・アルテリーベ東京　ドイツ料理　東京都港区新橋二－一二－五

銀座バー・フライ

・セント・サワイオリオンズ　バー　東京都中央区銀座七－三－一三
一〇階

・蘭　バー　東京都中央区銀座六－三－六 二階［閉店］

・GINZA 1954　バー　東京都中央区銀座八－五－一五 地下一階

・フランジェリコ　バー　東京都中央区銀座八－七－一一 地下一階

・いそむら　バー　東京都中央区銀座八－五－一五 地下一階［閉店］

今宵はマティーニ

・琥珀　バー　東京都文京区湯島三－四四－一

スウィングしなけりゃ銀座じゃない

・クール　バー　東京都中央区銀座七－二－一四［閉店］

・武ちゃん　焼鳥　東京都中央区銀座四－八－一三

・鳥長　焼鳥　東京都中央区銀座七－七－一二 七階［移転後］

・銀座鳥繁　焼鳥　東京都中央区銀座六－九－一五

・銀座おぐ羅　おでん　東京都中央区銀座六－三－六 地下一階

・やす幸　おでん　東京都中央区銀座七－八－一四

・きく　割烹　東京都中央区銀座八－四－三 二階

・みやざわ　喫茶店　東京都中央区銀座八－五－二五

・トニーズバー　バー　東京都港区新橋一－四－三 地下一階［閉店］

・バー・トスティ　バー　東京都中央区銀座七－三－一五

・いそむら　バー　東京都中央区銀座八－五－一五 地下一階［閉店］

・セント・サワイオリオンズ　バー　東京都中央区銀座七－三－一三
一〇階

・ロックフィッシュ　バー　東京都中央区銀座七－三－一三 七階

・のぞみ　バー　東京都中央区銀座七－二－九［閉店］

・MONDE BAR　バー　東京都中央区銀座八－一一－一二 地下一階
［閉店］

・モンドバーハセガワ　バー　東京都中央区銀座六－五－八 二階
［二〇一九年開店］

・スコッチクラブ一葉　バー　東京都港区新橋一－九－一 地下一階

・リカバー　バー　東京都港区赤坂八－一三－一九 地下一階［移転
後］

・リトルスミス　バー　東京都中央区銀座六－四－一二 地下二階

・BAR保志　バー　東京都中央区銀座六－三－七 八階

・銀座テンダー　バー　東京都中央区銀座六－五－一六 九階［移転
後］

・Bar TARU　バー　東京都中央区銀座六－一二－一四 四階

・フランジェリコ　バー　東京都中央区銀座八－七－一一 地下一階
・ガスライト銀座店　バー　東京都中央区銀座八－七－一一 六階
・ルパン　バー　東京都中央区銀座五－五－一一 地下一階
・ジョンベッグ　バー　東京都港区新橋一－一三－一［閉店］
・ボルドー　バー　東京都中央区銀座八－一〇－七［閉店］
・三笠会館本店 Bar 5517　バー　東京都中央区銀座五－五－一七 地下一階
・MORI BAR　バー　東京都中央区銀座七－五－四 七階［移転後］
・Y & M Bar KISLING　バー　［現在はMORI BARとして営業］
・ねも　バー　東京都台東区浅草一－一一－一一
・琥珀　バー　東京都文京区湯島三－四四－一
・アールスコート　バー　東京都中央区銀座七－七－一一 地下一階［閉店］
・BAR TONE　バー　東京都中央区銀座八－七－一一 四階
・ブルーラベル銀座店　バー　東京都中央区銀座七－六－一〇 四階［閉店］
・絵里香　バー　東京都中央区銀座六－四－一四 二階
・Bar K2　バー　東京都中央区銀座六－三－七 三階［閉店］

おぎりよ今夜も有難う

・蓮玉庵　蕎麦　東京都台東区上野二－八－七
・一番町 吉田　蕎麦　東京都千代田区一番町一五－一五［閉店］
・手打蕎麦 根津 鷹匠　蕎麦　東京都文京区根津二－三二－八
・寺方蕎麦 長浦　蕎麦　東京都台東区浅草一－一三－一
・鳥長　焼鳥　東京都中央区銀座七－七－一二 七階［移転後］
・武ちゃん　焼鳥　東京都中央区銀座四－八－一三
・銀座鳥繁　焼鳥　東京都中央区銀座六－九－一五
・黒門町焼き鳥 たがみ　焼鳥　東京都台東区上野一－一七－三［移転後］
・オー・ド・ヴィー　バー　東京都台東区谷中六－三－一〇
・バー長谷川　バー　東京都文京区根津一－二二－一六
・かぶと　鰻　東京都豊島区池袋二－五三－二
・笹周　居酒屋　東京都豊島区池袋二－二－六［閉店］
・豆腐懐石 五右ヱ門　豆腐料理　東京都文京区本駒込一－一－二六［閉店］
・根ぎし 笹乃雪　豆腐料理　東京都台東区根岸二－一五－一〇［休業中］
・どぜう飯田屋　どじょう　東京都台東区西浅草三－三－二
・鍵屋　居酒屋　東京都台東区根岸三－六－二三
・多古久　おでん　東京都台東区上野二－一一－八
・呑喜　おでん　東京都文京区向丘一－二〇－六［閉店］
・なか川　おでん　東京都千代田区神田須田町二－一二－三
・鮨勝　寿司　東京都豊島区南大塚一－五三－三
・玉久　魚料理　東京都渋谷区道玄坂二－三〇－四［閉店］
・光家　串揚げ　東京都台東区花川戸一－六－五

春日《かすがの》往来《おうらい》贔屓《ひいきの》引倒《ひきたおし》

・**二合**　立呑み　東京都豊島区東池袋二－六一－五［閉店］
・**江戸一**　居酒屋　東京都豊島区南大塚二－四五－四
・**上海チキン 大塚 小閣樓**　中華料理　東京都豊島区南大塚三－五二－八
・**BAR OWL**　バー　東京都豊島区北大塚一－一六－七 地下一階［閉店］
・**マールツァイト**　パン屋　東京都文京区大塚三－一五－七
・**金門飯店**　中華料理　東京都文京区大塚一－四－一五
・**木蘭**　中華料理　東京都文京区大塚一－一－一四 二階
・**萬盛園**　中華料理　東京都文京区小石川五－四一－三
・**信濃路**　蕎麦　東京都文京区小石川五－五－二［閉店］
・**バーブ**　バー　東京都文京区小石川五－六－一九
・**エスワイル**　洋菓子　東京都文京区春日一－一二－六［閉店］
・**ファイヤーハウス**　ハンバーガー　東京都文京区本郷三－二七－二
・**名曲・珈琲 麦**　喫茶店　東京都文京区本郷二－三九－五
・**喫茶ルオー**　喫茶店　東京都文京区本郷六－一－一四
・**江戸あられ 竹仙**　和菓子　東京都文京区本郷三－四一－六
・**岩手屋本店**　居酒屋　東京都文京区湯島三－三八－八
・**とりつね**　焼鳥　東京都文京区湯島三－四二－二
・**琥珀**　バー　東京都文京区湯島三－四四－一
・**蓬莱屋**　とんかつ　東京都台東区上野三－二八－五
・**立飲み たきおか**　立呑み　東京都台東区上野六－九－一四
・**御徒町食堂**　食堂　東京都台東区上野五－二〇－五［閉店］
・**給食当番**　居酒屋　東京都台東区元浅草一－四－四
・**やしま**　鰻　東京都台東区小島二－一八－一九
・**初小川**　鰻　東京都台東区雷門二－八－四
・**ザ・ホームズ**　パブ　東京都台東区駒形一－六－一二［閉店］
・**駒形どぜう**　どじょう　東京都台東区駒形一－七－一二
・**厩橋 文**　居酒屋　東京都台東区駒形二－二－一〇［閉店］
・**牧野**　居酒屋　東京都墨田区本所一－二五－一〇［閉店］
・**わくい亭**　居酒屋　東京都墨田区本所三－二二－一二
・**とん平**　居酒屋　東京都墨田区東駒形三－二二－二［閉店］
・**もつ焼 わかば**　居酒屋　東京都墨田区本所四－一九－九
・**もつ焼 まるい**　居酒屋　東京都墨田区業平三－一一－一
・**桑原ハム シュタットヴァイデ**　ハム、ソーセージ　東京都墨田区横川四－八－二二
・**若福**　懐石料理　東京都江東区亀戸三－六－四

銀座の百年酒場

・**資生堂パーラー**　洋食　東京都中央区銀座八－八－三
・**煉瓦亭**　洋食　東京都中央区銀座三－五－一六
・**ピルゼン**　ビアホール　東京都中央区銀座六－八［閉店］
・**はち巻岡田**　割烹　東京都中央区銀座三－七－二一
・**羽衣 銀座本店**　中華料理　東京都中央区銀座七－一二－一四
・**銀座 天龍 本店**　中華料理　東京都中央区銀座二－五－一九 四階

・そば所 よし田　蕎麦　東京都中央区銀座六－四－一二　二階［移転後］
・お多幸 銀座八丁目店　おでん　東京都中央区銀座八－六－一九
・新富寿し　寿司　東京都中央区銀座五－九－一七［閉店］
・銀座 天國　天ぷら　東京都中央区銀座八－一一－三
・銀座升本　居酒屋　東京都中央区銀座一－四－七［閉店］
・木挽町 湯《ゆ》津《づ》上《かみ》屋《や》　蕎麦　東京都中央区銀座一－二二－一四
・伊勢藤　居酒屋　東京都新宿区神楽坂四－二

つまみ番付

・かぶと　鰻　東京都豊島区池袋二－五三－二
・琥珀　バー　東京都文京区湯島三－四四－一
・とりつね　焼鳥　東京都文京区湯島三－四二－二
・鳥長　焼鳥　東京都中央区銀座七－七－一二 七階［移転後］
・あづま　中華料理　東京都台東区浅草一－一三－四［休業中］
・のぞみ　バー　東京都中央区銀座七－二－九［閉店］
・銀座ウエスト 銀座本店　喫茶店　東京都中央区銀座七－三－六

花見電車ご休憩処案内

・うなぎ江戸一　鰻　東京都豊島区南池袋四－七－一一
・ターキー　中華料理　東京都豊島区雑司が谷一－二四－二［閉店］
・牛舌の店 多津よし　牛タン　東京都豊島区東池袋五－九－六
・世界飯店　中華料理　東京都豊島区北大塚二－一四－八
・ふくみらい 大塚店　居酒屋　東京都豊島区北大塚二－二七－一
・御《み》代《よ》家《け》　居酒屋　東京都豊島区西巣鴨二－三二－一〇
・みの麺《めん》多《た》　ラーメン　東京都北区王子一－二－二［閉店］
・山田屋　居酒屋　東京都北区王子一－一九－六［休業中］
・銀座升本　居酒屋　東京都中央区銀座一－四－七［閉店］
・平澤かまぼこ 王子駅前店　立呑みおでん　東京都北区岸町一－一－一〇
・豊屯　中華料理　東京都豊島区東池袋四－二－九［閉店］
・千葉屋　中華料理　東京都豊島区南大塚三－二四－三［閉店］
・ファイト餃子　餃子　東京都豊島区巣鴨四－二三－六［移転後］
・福楽　中華料理　東京都北区滝野川一－五－九［閉店］
・金華　中華料理　東京都北区西ケ原四－四六－八［閉店］
・哈爾濱《ハルビン》餃子　中華料理　東京都葛飾区堀切三－七－一七

本家「ガールズバー」

・酒場 ふくろ　居酒屋　東京都豊島区西池袋一－一四－二
・ビーニービーンズ　バー　東京都新宿区住吉町二－一四 地下一階
・リカバー　バー　東京都港区赤坂八－一三－一九 地下一階［移転後］
・AW　バー　東京都渋谷区道玄坂二－二五－五 三階［閉店］
・コレオス　バー　東京都渋谷区宇田川町二八－一 八階［閉店］
・玉久　魚料理　東京都渋谷区道玄坂二－三〇－四［閉店］
・バーブ　バー　東京都文京区小石川五－六－一九

一杯入魂

・大野屋 和ちゃん　焼鳥　東京都江東区東陽一－一二－六
・武ちゃん　焼鳥　東京都中央区銀座四－八－一三
・明治屋　居酒屋　大阪府大阪市阿倍野区阿倍野筋一－六－一
・サンルーカル バー　バー　東京都新宿区神楽坂六－四三－一〇二
・銀座テンダー　バー　東京都中央区銀座六－五－一六 九階［移転後］
・伊勢藤　居酒屋　東京都新宿区神楽坂四－二
・酒たまねぎや　居酒屋　東京都新宿区赤城下町五五
・バー シェイク　バー　東京都中央区銀座七－三－一五 地下一階
・フランジェリコ　バー　東京都中央区銀座八－七－一二 地下一階
・ふくべ　居酒屋　東京都中央区八重洲一－四－五
・カメリア　バー　東京都千代田区丸の内一－九－一 東京ステーションホテル 二階
・バー オーク　バー　東京都千代田区丸の内一－九－一 東京ステーションホテル 二階［休業中］
・琥珀　バー　東京都文京区湯島三－四四－一
・バーリィ浅草　バー　東京都台東区西浅草三－一五－一一
・Dining & Bar TENQOO　ダイニングバー　東京都千代田区丸の内一－七－一二 ホテルメトロポリタン丸の内 二七階

酒縁あり

・江戸一　居酒屋　東京都豊島区南大塚二－四五－四
・松風　居酒屋　東京都台東区浅草一－一五－六［閉店］
・468　寿司　東京都台東区西浅草三－二三－一四
・BAR Deep　バー　東京都新宿区荒木町一－二
・べえ　バー　東京都新宿区荒木町七
・ピガール　バー　東京都新宿区荒木町一
・よつやこくている　バー　東京都新宿区荒木町一
・ふくべ　居酒屋　東京都中央区八重洲一－四－五

ガード下がお待ちかね

・大越　居酒屋　東京都千代田区鍛冶町二－一四－三［閉店］
・羅生門　居酒屋　東京都港区新橋一－一三－八［閉店］
・日の基　居酒屋　東京都千代田区有楽町二－四－四
・新日の基　居酒屋　東京都千代田区有楽町二－四－四
・升亀　居酒屋　東京都千代田区鍛冶町二－一四－二［閉店］
・たる松 本店　居酒屋　東京都台東区上野六－四－一三
・があどした　居酒屋　東京都千代田区鍛冶町一－二－一三
・COWBOY-BAR BORO　メキシコ料理　東京都千代田区丸の内三－六－一〇
・夜行列車　居酒屋　東京都台東区上野六－一三－四
・真澄酒蔵　居酒屋　東京都千代田区神田佐久間町三－二一－五

・松風　居酒屋　東京都台東区浅草一－一五－六［閉店］
・バーラグーン　バー　東京都千代田区神田佐久間町二－一二－六
・小林　もつ料理　東京都荒川区町屋二－八－一六
・大坂屋　もつ料理　東京都江東区門前仲町二－九－一二
・銀座ささもと　もつ料理　東京都中央区銀座四－三－七

立呑みでも・しか

・伊勢本店　焼鳥　東京都千代田区鍛冶町二－一二－一三
・やきとりコーラク　焼鳥　東京都千代田区内神田三－一二－六
・平澤かまぼこ 王子駅前店　立呑みおでん　東京都北区岸町一－一－一〇
・山田屋　居酒屋　東京都北区王子一－一九－六［休業中］
・立飲処 皆吉　立呑み　東京都文京区小日向四－六－三［閉店］
・二合　立呑み　東京都豊島区東池袋二－六一－五［閉店］
・立飲みたきおか　立呑み　東京都台東区上野六－九－一四
・立飲みいこい本店　立呑み　東京都北区赤羽一－三－八

浅草宵待ち散歩

・神谷バー　バー　東京都台東区浅草一－一－一
・カフェ ムルソー　カフェ　東京都台東区雷門二－一－一五
・鮨松波　寿司　東京都台東区駒形一－九－五
・鷹匠壽　鳥料理　東京都台東区雷門二－一四－六
・鬼平　割烹　東京都台東区浅草三－五－一
・釜めし むつみ　釜めし　東京都台東区浅草三－三二－四
・二葉本店　釜めし、焼鳥　東京都台東区浅草一－六－四
・鳥平　鳥料理　東京都台東区浅草一－六－七
・翁そば　蕎麦　東京都台東区浅草二－五－三
・並木藪蕎麦　蕎麦　東京都台東区雷門二－一一－九
・寺方蕎麦 長浦　蕎麦　東京都台東区浅草一－一三－一
・甲州屋　蕎麦　東京都台東区浅草二－一五－二
・あづま　中華料理　東京都台東区浅草一－一三－四［休業中］
・龍圓《りゅうえん》　中華料理　東京都台東区西浅草三－一－九
・ニュー菜苑　中華料理　東京都台東区浅草四－三五－一［移転後］
・合羽橋ときわ食堂　食堂　東京都台東区西浅草二－二三－八
・食事処 酒肴 浅草 水口　食堂　東京都台東区浅草二－四－九
・元祖やきかつ 桃タロー　とんかつ　東京都台東区花川戸一－一〇－九
・光家　串揚げ　東京都台東区花川戸一－六－五
・煎豆ほていや中塚商店　豆菓子　東京都台東区寿四－一四－七
・ミュージックハウス ヨシダ　CD、レコード　東京都台東区西浅草二－一－一一
・丸金煙草店　煙草　東京都台東区西浅草三－一八－一六
・どぜう飯田屋　どじょう　東京都台東区西浅草三－三－二
・鍋茶屋　鰻、焼鳥　東京都台東区西浅草三－一六－三［閉店］
・日進　中華料理　東京都台東区浅草二－一五－三
・米久本店　すき焼き　東京都台東区浅草二－一七－一〇

・甘粕　バー　東京都台東区浅草二－二六－五［閉店］
・正直ビヤホール　ビアホール　東京都台東区浅草二－二二－九
・浅草サンボア　バー　東京都台東区浅草一－一六－八
・BOO　バー　東京都台東区浅草二－二六－七
・FOS　バー　東京都台東区浅草三－三七－三
・ねも　バー　東京都台東区浅草一－一一－一一
・オグラ・イズ・バー　バー　東京都台東区浅草一－四三－七　七階
・ズール　バー　東京都台東区雷門二－八－一〇
・BAR DORAS　バー　東京都台東区花川戸二－二－六
・Bee　バー　東京都墨田区東向島二－二〇－六
・ザ・ホームズ　パブ　東京都台東区駒形一－六－一二［閉店］
・Kitchen & Bar ORANGE-ROOM浅草　ダイニングバー　東京都台東区浅草一－四一－七
・トラットリア FUKUHIRO　イタリア料理　東京都台東区浅草二－一八－一〇［閉店］
・バーリィ浅草　バー　東京都台東区西浅草三－一五－一一

居酒屋の相思相愛

・神谷バー　バー　東京都台東区浅草一－一－一
・玉久　魚料理　東京都渋谷区道玄坂二－三〇－四［閉店］
・敦煌　中華料理　東京都新宿区舟町一五
・ビヤホールライオン銀座七丁目店　ビアホール　東京都中央区銀座七－九－二〇
・山ちゃん　中華料理、居酒屋　東京都新宿区神楽坂四－四－三［閉店］
・あづま　中華料理　東京都台東区浅草一－一三－四［休業中］
・松風　居酒屋　東京都台東区浅草一－一五－六［閉店］
・栃木屋　居酒屋　東京都江東区住吉一－一三－一四［閉店］
・寺方蕎麦 長浦　蕎麦　東京都台東区浅草一－一三－一
・江戸一　居酒屋　東京都豊島区南大塚二－四五－四

わが酒都・大塚

・手打ち蕎麦 小倉庵　蕎麦　東京都豊島区南大塚一－四二－八
・鮨勝　寿司　東京都豊島区南大塚一－五三－三
・江戸一　居酒屋　東京都豊島区南大塚二－四五－四
・赤垣屋　居酒屋　京都府京都市左京区孫橋町九
・明治屋　居酒屋　大阪府大阪市阿倍野区阿倍野筋一－六－一
・酒蔵きたやま　居酒屋　東京都豊島区南大塚二－四四－三
・こなから　居酒屋　東京都豊島区北大塚一－一四－七［閉店］
・伊勢元　焼鳥　東京都豊島区北大塚二－二九－七
・富久晴《ふくはる》　焼きとん　東京都豊島区南大塚二－四四－六
・shotbar三番倉庫　バー　東京都豊島区北大塚二－七－五
・BAR MOO　バー　東京都豊島区北大塚二－二九－一
・BAR OWL　バー　東京都豊島区北大塚一－一六－七　地下一階［閉店］
・cafe＋bar Leandro　ワインバー　東京都豊島区北大塚二－一八－六
・手打ち蕎麦 にわ　蕎麦　東京都豊島区北大塚三－三二－一二

・**麦酒庵 大塚店**　ビアバー　東京都豊島区北大塚二－二七－一 二階
・**酒たまねぎや**　居酒屋　東京都新宿区赤城下町五五
・**焼鳥 蒼天**　焼鳥　東京都豊島区南大塚三－三九－一三
・**やきとり がっさく**　焼鳥　東京都豊島区南大塚二－四〇－一一［閉店］
・**掌**　焼鳥　東京都豊島区南大塚三－四八－七
・**鶏門**　焼鳥　東京都豊島区南大塚三－四一－八［閉店］

銀座・焼鳥街道

・**羅生門**　居酒屋　東京都港区新橋一－一三－八［閉店］
・**伊勢廣 京橋本店**　焼鳥　東京都中央区京橋一－四－九
・**栄一**　焼鳥　東京都中央区京橋一－五－一
・**武ちゃん**　焼鳥　東京都中央区銀座四－八－一三
・**銀座 ささもと**　もつ料理　東京都中央区銀座四－三－七
・**たて森**　焼鳥　東京都中央区銀座二－一四－八［閉店］
・**銀座鳥繁**　焼鳥　東京都中央区銀座六－九－一五
・**鳥長**　焼鳥　東京都中央区銀座七－七－一二 七階［移転後］
・**カブト**　鰻串焼き　東京都新宿区西新宿一－二－一一
・**岐阜屋**　中華料理　東京都新宿区西新宿一－二－一
・**とりつね**　焼鳥　東京都文京区湯島三－四二－二
・**酒蔵秩父錦**　居酒屋　東京都中央区銀座二－一三－一四［閉店］

東京駅で逢いましょう

・**ふくべ**　居酒屋　東京都中央区八重洲一－四－五
・**カメリア**　バー　東京都千代田区丸の内一－九－一 東京ステーションホテル 二階
・**バー オーク**　バー　東京都千代田区丸の内一－九－一 東京ステーションホテル 二階［休業中］
・**Dining & Bar TENQOO**　ダイニングバー　東京都千代田区丸の内一－七－一二 ホテルメトロポリタン丸の内 二七階
・**灘コロンビア**　ビアホール　東京都中央区日本橋三－三－一四［閉店］
・**レバンテ**　ビアレストラン　東京都千代田区丸の内三－五－一［閉店］
・**ロイヤル バー**　バー　東京都千代田区丸の内一－一－一 パレスホテル東京
・**ラウンジバー プリヴェ**　バー　東京都千代田区丸の内一－一－一 パレスホテル東京 六階
・**ブラッスリー・ヴィロン 丸の内店**　ビストロ　東京都千代田区丸の内二－七－三
・**ビー・バー・マルノウチ**　バー　東京都千代田区丸の内三－一－一 地下一階
・**マーブル**　バーラウンジ　東京都千代田区丸の内二－一－一

神田ラビリンス

・**馬力 神田店**　焼鳥　東京都千代田区鍛冶町二－一四－三［閉店］
・**馬力 神田南口店**　焼鳥　東京都中央区日本橋室町四－二－一
・**大越**　居酒屋　東京都千代田区鍛冶町二－一四－三［閉店］
・**升亀**　居酒屋　東京都千代田区鍛冶町二－一四－二［閉店］
・**があどした**　居酒屋　東京都千代田区鍛冶町一－二－一三
・**伊勢 本店**　焼鳥　東京都千代田区鍛冶町二－一二－一三
・**神田笹鮨**　寿司　東京都千代田区鍛冶町二－八－五
・**すし徳**　寿司　東京都千代田区鍛冶町二－一一－二一
・**味坊**　中華料理　東京都千代田区鍛冶町二－一一－二〇
・**伊藤課長 神田東口店**　焼肉　東京都千代田区鍛冶町二－一一－一七
・**幡随院長兵衛**　焼鳥　東京都千代田区鍛冶町二－一一－一六
・**神田ナンバー**　立呑み　東京都千代田区鍛冶町二－一一－一五
・**なか川**　おでん　東京都千代田区神田須田町二－一二－三
・**神田バル**　バル　東京都千代田区神田紺屋町二七

湯島界隈日暮れ酒

・**花ぶさ**　割烹　東京都千代田区外神田六－一五－五
・**くろぎ**　割烹　東京都港区芝公園一－七－一〇［移転後］
・**鳥栄**　鳥料理　東京都台東区池之端一－二－一
・**鰻割烹 伊豆栄 本店**　鰻　東京都台東区上野二－一二－二二
・**いづ政**　割烹　東京都文京区湯島三－三八－三
・**岩手屋本店**　居酒屋　東京都文京区湯島三－三八－八
・**多古久**　おでん　東京都台東区上野二－一一－八
・**味噌坐 玉響《たまゆら》**　居酒屋　東京都台東区上野二－四－四
・**黒門町焼き鳥 たがみ**　焼鳥　東京都台東区上野一－一七－三［移転後、閉店］
・**焼き鳥 とりひろ**　焼鳥　東京都文京区湯島三－三六－一〇
・**麺屋げんぞう**　ラーメン　東京都文京区湯島三－三五－三
・**うさぎや**　どら焼き　東京都台東区上野一－一〇－一〇
・**つる瀬 湯島本店**　和菓子　東京都文京区湯島三－三五－八
・**甘味処 みつばち 本店**　甘味処　東京都文京区湯島三－三八－一〇
・**かりんとう ゆしま花月**　和菓子　東京都文京区湯島三－三九－六
・**琥珀**　バー　東京都文京区湯島三－四四－一

墨東ぞめき

・**河本**　居酒屋　東京都江東区木場一－三－三［閉店］
・**まるます家**　居酒屋　東京都北区赤羽一－一七－七
・**大はし**　居酒屋　東京都足立区千住三－四六
・**大衆酒場 斎藤**　居酒屋　東京都北区上十条二－三〇－一三
・**大坪屋**　居酒屋　東京都荒川区南千住四－四－一
・**山田屋**　居酒屋　東京都北区王子一－一九－六［休業中］
・**三四郎**　居酒屋　東京都墨田区江東橋三－五－四
・**小松**　居酒屋　東京都墨田区江東橋二－一六－一〇

・**大竹**　もつ焼き　東京都江戸川区西小岩一-一二-一二［移転後］
・**丸千葉**　居酒屋　東京都台東区日本堤一-一一-三
・**赤垣屋**　居酒屋　京都府京都市左京区孫橋町九
・**山城屋酒場**　居酒屋　東京都江東区住吉二-七-一四
・**ランチョン**　ビアホール、洋食　東京都千代田区神田神保町一-六

春のカクテル

・**ロイヤル バー**　バー　東京都千代田区丸の内一-一-一　パレスホテル東京
・**バー オーク**　バー　東京都千代田区丸の内一-九-一　東京ステーションホテル 二階［休業中］
・**サンルーカル バー**　バー　東京都新宿区神楽坂六-四三-一〇二
・**MOD**　バー　東京都中央区銀座三-四-一二
・**絵里香**　バー　東京都中央区銀座六-四-一四 二階
・**ステラ**　バー　東京都中央区銀座八-八-一七 地下一階・二階［休業中］
・**バーブ**　バー　東京都文京区小石川五-六-一九
・**琥珀**　バー　東京都文京区湯島三-四四-一
・**浅草サンボア**　バー　東京都台東区浅草一-一六-八
・**バーリィ浅草**　バー　東京都台東区西浅草三-一五-一一
・**神谷バー**　バー　東京都台東区浅草一-一-一

日本酒のカナヅチ

・**鍵屋**　居酒屋　東京都台東区根岸三-六-二三
・**うなぎ美登里**　鰻　東京都小金井市本町二-六-一〇-一〇一
・**燗酒屋**《かんざけや》　居酒屋　東京都杉並区阿佐谷北二-三-三
・**岩手屋本店**　居酒屋　東京都文京区湯島三-三八-八
・**玉久**　魚料理　東京都渋谷区道玄坂二-三〇-四［閉店］
・**三漁洞**　居酒屋　東京都渋谷区桜丘町二五-一八［移転後］

独酌の時間

・**江戸一**　居酒屋　東京都豊島区南大塚二-四五-四
・**伊勢藤**　居酒屋　東京都新宿区神楽坂四-二
・**大林**　居酒屋　東京都台東区日本堤一-二四-一四［閉店］
・**立飲みたきおか**　立呑み　東京都台東区上野六-九-一四
・**アンヂェラス**　喫茶店　東京都台東区浅草一-一七-六［閉店］
・**ボンソアール**　喫茶店　東京都台東区浅草一-三二-一一［閉店］
・**カフェ ムルソー**　カフェ　東京都台東区雷門二-一-五
・**ロッジ赤石**　喫茶店　東京都台東区浅草三-八-四
・**珈琲アロマ**　喫茶店　東京都台東区浅草一-二四-五
・**並木藪蕎麦**　蕎麦　東京都台東区雷門二-一一-九
・**神田まつや**　蕎麦　東京都千代田区神田須田町一-一三
・**室町砂場**　蕎麦　東京都中央区日本橋室町四-一-一三
・**燗酒屋**　居酒屋　東京都杉並区阿佐谷北二-三-三

・**神谷バー**　バー　東京都台東区浅草一－一－一
・**ランチョン**　ビアホール、洋食　東京都千代田区神田神保町一－六
・**ビアライゼ'98**　ビアホール　東京都港区新橋二－三－四
・**THE SEVEN'S HOUSE**　パブ　東京都千代田区神田錦町三－二八
学士会館
・**酒場　ふくろ**　居酒屋　東京都豊島区西池袋一－一四－二
・**まるます家**　居酒屋　東京都北区赤羽一－一七－七
・**オールドインペリアルバー**　バー　東京都千代田区内幸町一－一－一
帝国ホテル東京
・**ロイヤル　バー**　バー　東京都千代田区丸の内一－一－一　パレスホテル東京

本書は『en-taxi』二〇〇七年春／一七号から二〇一六年冬／四六号まで連載されたエッセイを基に、加筆訂正のうえ一冊にまとめたものです。

東《とう》京《きょう》名《めい》酒《さか》場《ば》問《と》わず語《がた》り

奥《おく》祐《ゆう》介《すけ》

一九五六年、福島生まれ。中央大学文学部哲学科卒業後、光文社に入社。書籍、雑誌の編集に携わる。元学芸編集部、編集長。退職後は、日本文藝家協会事務局長、出版文化社「社史・アーカイブ総合研究所」事務局長、法政大学大学院文学部兼任講師を経て、現在エッセイスト。日本世間学会会員。

二〇二三年三月六日　第一刷発行

著者　奥祐介《おくゆうすけ》
装幀者　岩永香穂（ＭＯＡＩ）
発行者　藤田博
発行所　株式会社草思社
〒一六〇―〇〇二二
東京都新宿区新宿一―一〇―一
電話　営業〇三（四五八〇）七六七六
　　　編集〇三（四五八〇）七六八〇

本文組版　株式会社アジュール
本文印刷　株式会社三陽社
付物印刷　株式会社平河工業社
製本所　大口製本印刷株式会社

ISBN978-4-7942-2646-4　Printed in Japan　検印省略